相続税 生前贈与 遺言書 相続放棄 不動産特例

モメない相続
トクする相続

税理士 池田陽介

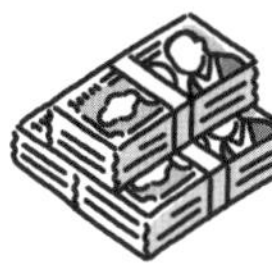

ONE PUBLISHING

プロデュース　中野健彦（ブックリンケージ）
編集協力　村瀬航太
ブックデザイン　大塚さやか
イラスト　にしだきょうこ
校正　櫻井健司（コトノハ）

はじめに

本書を手に取っていただいた読者の皆さんは、遠くない未来に相続が発生することを意識しているのでしょう。

誰にとっても「最も身近な相続」といえば両親からのものではないでしょうか。覚悟しているとはいえ、病弱になった父親や母親の最期を看取ったあと、医師から死亡診断書を受け取ることになります。

死亡診断書は故人の死亡地、本籍地、もしくは届出人の所在地の市区町村役所に「死亡届」と一緒に提出します。同時に火葬許可申請書を提出し、火葬・葬儀という流れになります。こうして、通夜・葬儀という慌ただしい時間が過ぎていきます。

そのころまでには、故人の住民票があった市区町村役所から、相続に関する各種手続きの案内が送付されてきます。

普段は気にかけることがありませんが、自身が相続の当事者になると本人確認のため、運転免許証やマイナンバーカード、パスポートといった身分証明書の提示が欠かせないことを痛感させられます。故人の「生まれてから死去するまでの連続した戸籍謄本」を求められる機会もあります。

はじめて相続を経験するというのであれば、故人の預貯金口座の名義変更などからスタートし、相続の最終段階である相続税の申告までの流れの中で、戸惑うことが少なくないはずです。

本書はそうした相続の疑問に答えるとともに、相続において最も重要といえる「遺言書の役割」「相続税の負担軽減につながる相続不動産の評価方法」「相続トラブルを回避する方策」「節税につながる生前贈与」などについて力点を置いて書き記しました。

私の会計事務所のスタッフ約45名は、それぞれ顧問先企業の税務会計、医療機関運営サポート・税務会計、そして相続業務などを担当しています。

相続業務では、当初から関与する事案もあれば、ほかの税務会計事務所が作成した相続税申告書のチェック・見直しを持ち込まれることもあります。

このように関与の度合いは異なりますが、これまで１０００件以上の相続・贈与案件にかかわってきました。

そんな中で、明らかに相続税を払い過ぎていたり、将来確実に次の相続が発生するにもかかわらず、それにまったく備えていなかったという事例をたくさん見聞きしてきました。備えなくしてモメない相続はない、といったら言い過ぎでしょうか。そんな現状に立ち向かおうと、本書は『モメない相続　トクする相続』というタイトルを掲げました。

私の事務所は現場主義に徹します。たとえば、相続した土地の評価をするにあたっては、現地に赴き、「一部の土地が傾斜になっていて評価額は下がる」ことを突き止めたりします。

このようにして培ってきた実績、いわば〝相続のエッセンス〟を中心にまとめてみました。相続にかかわる各種手続きについてなるべく簡潔にまとめ、本書では実際の相続に役立つ部分だけをピックアップしています。

これまで相続案件を数多く手がけてきて、実感することがあります。それは、しっかりとした対策を立てなかったことで損をしてしまう例が多々あるということです。

たとえば、こんなことがありました。資産家の夫から財産を受け継いだある女性が亡くなりました。子どもは実家を離れていたため、最晩年はこの女性の姪がいろいろと面倒を見ていました。

女性は姪に毎年１００万円ずつを3年にわたり贈与していました。さらに感謝のしるしとして姪に５００万円を遺贈（遺言書による譲り渡し、対象は法で定められた相続人でなくてもいい）するという遺言書を作成していました。このように、人は自分が亡くなったあとのことを意識するようになると、晩年を寄り添ってくれた親族に、より多くの相続財産を渡したくなるものなのです。

しかし、故人の姪に対するお礼の気持ちは500万円ではなくなっていました。相続税を支払った結果、彼女の手元に遺産として渡ったのはたったの20万円だったといいます。お礼の気持ちは亡くなってからではなく、すべて生前のうちに贈与という形でしておくべきでした。もちろん贈与税がかかってきますが、手取り額が20万円となることはありえません。

別の例もあります。父から相続した一筆の土地に、兄と弟が住む家が建っていました。父の遺言に従い、2人はこの土地を共有にしたのです。2人が健在のうちは問題が起こらないでしょうが、問題は次世代になったときです。

仮に兄の子どもが土地を売りたいといっても、共有名義にした弟との合意が必要になります。場合によっては、「売りたい」「売りたくない」という親族同士のトラブルに発展するかもしれません。

94ページで詳しく解説しますが、父から相続するときに、兄の家も弟の家もそれぞれが道路に出られるように分筆し、それぞれの土地を所有するようにすべきでした。しかも、そうすることで相続税や土地を売るときの所得税も安くなるのです。

このような損する相続は、相続への理解不足を原因とする例がほとんどです。

相続対策には事前の準備がかかせません。しかし、早くから着手すれば、損する相続を避けることができます。

備えあって憂いなし――。当事務所が積み重ねてきた贈与・相続のエッセンスを詰め込んだ本書が、相続の準備や相続税申告において皆様のお役に立てば幸いです。

税理士法人　池田総合会計事務所　池田陽介

本書の解説は、とくに明記がない限り、２０２３年８月時点の税制（法令）に基づいています。

「モメない相続　トクする相続」

目次

モメない！

第2章

モメない相続

トクする！

第3章 トクする相続

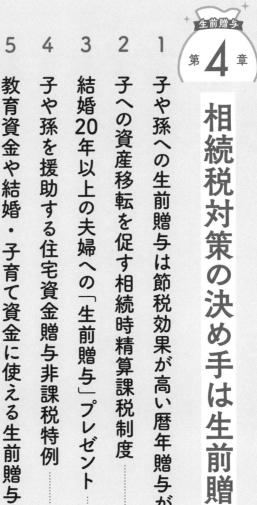

生前贈与

第4章

相続税対策の決め手は生前贈与

不動産

第5章

相続不動産対策でトクする方法

アドバイス 第6章
まさかのときの相続アドバイス

基礎知識

第1章

相続開始の前におさえておきたいこと

基礎知識

1

最初に相続手続きの流れをおさえておこう

相続のやっかいなところは、相続人全員の合意が必要なことです。全員の合意を前提に相続税の申告を進めようという段階になって、相続人の中から異論が出たりすることもあります。遺産の分配などをめぐって1人でも反対者が出ると、相続の事務手続きが進まなくなります。

全員の合意がある相続にしても、銀行口座の名義変更や不動産の所有権移転登記といった手続きのたびに、「故人の生まれてから亡くなるまでの連続した戸籍謄本」などを求められ、書類集めや窓口での手続きに時間をとられることになります。

いずれにしても、1人の人が亡くなると、膨大で煩雑な事務手続きが発生します。

相続スケジュール

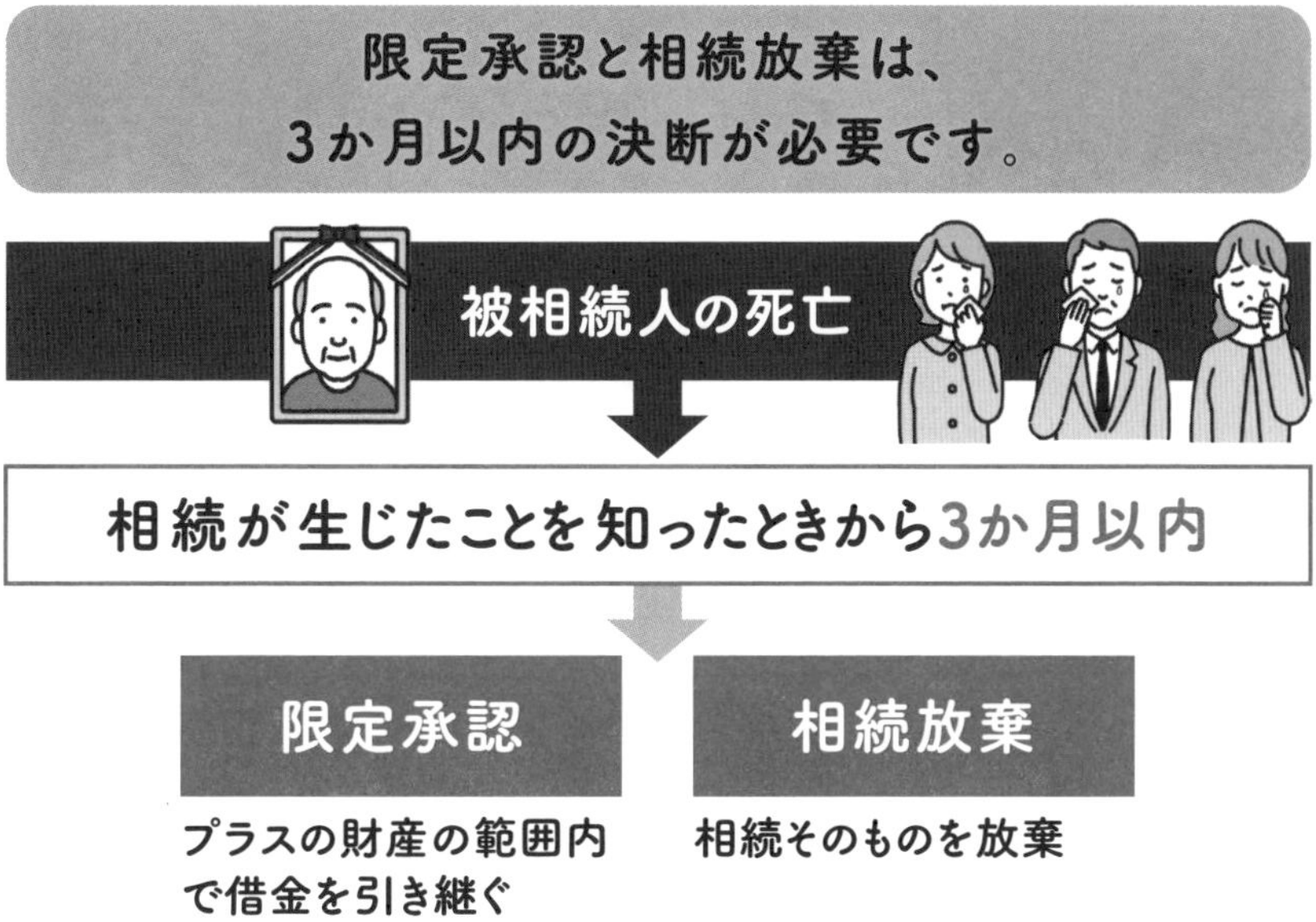

相続は、原則として死亡の時点からスタートします。相続人は相続開始時から、亡くなった人（被相続人）の財産に関するすべての権利と義務を承継することになります。相続のスケジュールをザッと見ておきましょう。

▼7日以内　死亡届

亡くなったことを知った日(*)から7日以内に市区町村役場に死亡届を提出します。埋火葬許可、住民異動届の提出、健康保険証の返却、年金の停止も忘れずに行ってください。

▼開始から3か月以内　相続放棄・限定承認

遺産より借金のほうが多ければ、相続そのものを放棄する「相続放棄」か、プラスの財産の範囲内で借金を引き継ぐ「限定承認」を

(*) 亡くなったことを知った日：基本的には、死亡診断書に記された「死亡日」です。ただし、相続開始から3か月といった期日が決められている「相続放棄」などをめぐっては、「亡くなったことを知った日」について裁判になることも少なくありません。

選択することができます。**期限は、相続人が「相続が生じたことを知ったとき（一般的には被相続人が死亡した日）」から3か月以内です。**

▼開始から4か月以内　準確定申告（所得税）

故人が確定申告をしていたら、故人に代わって1月1日から死亡日までの確定申告（準確定申告）をします。

▼開始から10か月以内　相続税の申告・納付

相続税がかからない場合でも、「配偶者の税額の軽減」や「小規模宅地等の評価減の特例」などを活用する場合は申告が必要です。

▼開始から1年以内　遺留分侵害額請求

法定相続人には最低限の相続の権利（遺留分）が認められており、その侵害を知ったときから1年以内であれば、取り戻すために「遺留分侵害額請求」を申し立てることができます。詳しくは40ページ以降で説明します。

相続の基礎知識

相続とは、亡くなった人の権利と義務を引き継ぐことです。プラスの財産ばかりでなく、借入金など債務も相続します。

亡くなった人を「被相続人」と呼びます。

被相続人の財産・債務を引き継ぐ人を「相続人」と呼びます。

法律で定められた相続人を「法定相続人」といいます。

遺言書により、法定相続人以外にも遺産を分けることが可能です（「遺贈」といいます）。

【相続財産の分け方と相続税】

相続人の間で合意すれば、相続財産はどのように分けても構いません。必ずしも遺言書に従うことはないということです。

相続財産が一定額を超えた場合は、相続税がかかります。

相続財産から差し引ける基礎控除額は以下のように決まっています。

基礎控除額 ＝ 3000万円 ＋ 600万円 × 法定相続人数

配偶者は、法定相続による配分以内（たとえば、2分の1など）なら相続税はかかりません。または1億6000万円以下なら非課税です。

相続税が発生した場合は、納付は相続人それぞれが行います。もし、相続人の中に相続税の滞納者がいると、すでに納税しているほかの相続人にも税務署から支払いを求める通知が届きます。相続税には連帯納付義務(*)があるからです。

【期限後の遺産分割リスク】

相続開始から10年を過ぎると、遺産分割協議において「特別受益」と「寄与分」の主張ができなくなります。これは、相続の長期化を避けるための措置です。

特別受益とは、生前に被相続人（亡くなった人）から多額の贈与を受けた相続人（特別受益者）がいる場合に、その金額を遺産に繰り入れることによって、公平な遺産分割を実現する制度のことです。

また、寄与分とは、生前に相続人が療養看護などによって被相続人の財産の維持・増加に貢献したという事情がある場合に、ほかの相続人よりも多くの財産を相続させることによって、共同相続人の間の公平をはかる制度のことをいいます。

（*）相続税の連帯納付義務：相続人の中に相続税を納付しない人がいると、代わりにほかの相続人が納付しなければならないという制度。

基礎知識 2

相続税が「かかる」「かからない」の分岐点

相続財産になるもの、ならないもの

相続税がかかるか、かからないかを判断するためには、何が相続財産で、何が相続財産に含まれないものかということを理解しておく必要があります。

遺産は、①相続財産、②みなし相続財産、③相続財産にならないもの（非課税財産）、④相続財産から差し引きできるもの、に大別できます。

相続財産は、現金・預貯金、不動産などです。相続財産ではないが、相続税の課税対象になるものを「みなし相続財産」といい、受取人指定の生命保険などが該当します。

一方、香典や花輪代、故人が生前に購入した墓地や墓石、仏壇などは非課税財産です。葬儀費用やローンの残額、未払いの税金などは相続財産から差し引くことが可能です。

相続財産になるもの、ならないもの、相続財産から差し引けるものを知っておきましょう。

相続財産に含まれるもの

◉現金・預貯金

◉株式や債権などの有価証券

◉投資信託

◉不動産（土地・建物）

◉借地権

◉貸付金

◉自動車・貴金属・書画骨董などの動産

◉特許権・著作権

◉ゴルフ・リゾート会員権

◉事業・農業用財産

◉**生命保険**……預貯金などとは別扱いになりますが、「みなし相続財産」として相続財産に加算されます（「法定相続人数×500万円」の非課税枠が設けられています）。

◉**生前贈与関連**……相続開始前3年以内（2024年1月から7年に改正）の暦年贈与財産は、相続財産に繰り入れられます（「持ち戻し」といいます）。相続時精算課税制度の適用贈与財産については、すべて持ち戻しの対象となります。

相続財産から差し引けるもの

・葬儀費用

・借金・債務（ローンなど）

・未払いの所得税、住民税、固定資産税など

・国や地方公共団体、特定公益法人などに対する寄付金

相続財産にならないもの

×香典

×花輪代

×墓地（故人が生前に購入）

×墓石（故人が生前に購入）

×仏壇仏具（故人が生前に購入）

相続財産を減らせば、相続税の負担も軽くなります。手っ取り早く相続財産を減らしたいと思ったら、生前に墓地、墓石、仏壇、仏具の購入をするのもひとつの方法です。それらは相続税法上、祭祀《さいし》財産として非課税とされているからです。ただし、金《きん》をたくさん使っているような高価な仏具を購入した場合には、課税逃れとして相続財産になってしまうことがあるので注意が必要です。

相続税がかからないケース

相続税はすべての人にかかるわけではありません。一定額以上の相続財産を残して亡くなった人の相続人が、相続税を納めることになります。

話をわかりやすくするために、相続財産のすべてが現金だとしましょう。基礎控除(*)は「3000万円+600万円×法定相続人の数」で計算されます。

相続人が1人だったら、3600万円（3000万円+600万円）、相続人が2人の場合は、4200万円（3000万円+600万円×2人）、相続人が3人の場合は、4800万円（3000万円+600万円×3人）を下回れば、相続税はかかりません。特例を適用する必要もありませんし、相続税の申告も必要ありません。

(*) 相続税の基礎控除：相続税の計算で使える非課税枠。遺産の総額が基礎控除額を超えなければ、相続税の申告や納税は基本的に必要ありません。

相続税の算出にあたっては、一定の控除額が認められています。

（例）相続人が妻と子ども2人の場合の基礎控除額

	妻	子	子
3000万円	＋ 600万円	＋ 600万円	＋ 600万円

相続税の基礎控除額

＝4800万円

＞

相続財産総額

相続税がかからない

相続財産が基礎控除額の4800万円を下回ると相続税は発生しません。

亡くなった父親がそれなりに大きな資産を築いていたとして、遺産（相続財産総額）が1億8000万円の場合は、どの程度の相続税がかかるのでしょうか。

右図のように妻と子ども2人の場合には、相続税は基礎控除額の4800万円を差し引いた1億3200万円の部分にかかることになります。

妻と子ども2人の家族3人にかかる相続税総額が2200万円となるので（相続税の計算は111ページ参照）、法定相続分での相続であれば、妻は2分の1の1100万円、子どもは2分の1を頭割りしてそれぞれ550万円の税負担です。

また、亡くなった人が所有していた不動産などを相続するケースも少なくありません。不動産も相続財産になります。

「現金＋不動産評価額」を基準に、相続税が発生するかしないかの見当をつけるのもいいでしょう。ただし、不動産の評価は時価ではなく、相続税評価額(*)となります。

ちなみに、国税庁の相続税統計によれば、年間に亡くなる人の10％程度が、相続税が発生する財産を残しています。2020年の死者数は137万2755人でした。それに対して2021年10月までの申告では、相続税が発生した被相続人15万3023人に対して、相続税課税対象の相続人は37万1646人となっています。つまり、相続税が課税される遺産を残し

(*) 相続税評価額：相続税や贈与税を計算するときの基準となる財産の価格。相続が開始となる日、または贈与により財産を取得した日の価格をもとに評価されます。

た故人には、相続税申告が必要な相続人が平均すると2・4人いたということです。

配偶者の相続には税金がかからない!?

配偶者については、相続税の優遇措置が設けられています。1億6000万円まではついては相続税がかからないというものです。1億6000万円を超えても法定相続分の2分の1以内であれば扱いは同じです。先ほどの例でいえば、本来なら妻に課される1100万円の税負担は0円ということになります。

仮に、相続財産が10億円で相続人が配偶者と子ども1人であった場合でも、配偶者は法定相続分である2分の1以内の5億円までは、相続税が課税されません。

この優遇措置を活用するかどうかは、次の相続も考慮に入れて検討するべきです。父親が亡くなり、母親も後を追うように亡くなった場合（2次相続の発生）、最初の相続で母親が2分の1を相続すると、トータルとして相続税負担が高くなることもあり得ます（108ページ参照）。

この優遇措置特例を適用することで相続税がゼロになった場合でも、相続税申告をすることが必要です。

基礎知識

3

死亡後すぐに引き出しが停止されるわけではない

相続発生の翌日に口座は凍結される？

相続開始とともに金融機関の故人名義の預貯金口座が凍結(＊)され、「現金を引き出せなくなる」といわれています。相続経験者からは、「葬儀代くらいは、生前に引き出しておいたほうがいい」といったアドバイスを受けたりすることもあるでしょう。

金融機関が亡くなった人の口座の運用を停止するのは「遺産保全」のためです。のちのち遺族間での相続でモメたときに、その騒動に巻き込まれたくないということです。

こちらが知らせなくても、新聞の訃報掲載欄や、お寺での「葬儀」の告知に金融機関が気づけば、口座が凍結される可能性は高いといえるでしょう。

しかし、「相続発生＝故人名義の預貯金口座凍結」は、必ずしも行われているわけではあり

(＊)口座の凍結：名義人が死亡するなどして、預貯金の引き出しなどの取引が停止されること。預貯金の引き出しだけではなく、振込や口座引き落としもできなくなります。

一定額については故人の口座から
預貯金の引き出しができます。

口座が凍結されてなくてよかった！
とりあえず葬儀費用や
介護費用の支払いは大丈夫！

ません。

そもそも、役所に「死亡届」を提出したからといって、金融機関に情報が流れるわけではないからです（マイナンバーカードの運用で今後変更される可能性もあります）。

金融機関が相続発生を認識しなければ、故人の口座が凍結されることはありません。口座解約など相続人が相続手続きを申し入れた場合に、故人の口座が凍結されるというのが一般的な流れです。

上限150万円まで仮払いが可能！

金融機関が相続発生を知ったり、相続人が相続発生を金融機関に申し出て解約を依頼すれば、一時的に、亡くなった人の預金口座から払い戻しが不可能になります。そのため、葬儀費用や介護費用の支払いに困ってしまうケースがありました。しかし、**現在では「相続時の預貯金仮払い制度」により、一定額については預貯金の引き出しができるようになっています。**

この預貯金の仮払い制度とは、相続人の間における遺産分割に関する合意がなくても一定の金額が引き出せる制度です。民法改正により2019年7月から適用がスタートしています。手続きは直接金融機関で行うので、簡単で費用もかかりません。

出金の上限額は決められています。複数の預貯金口座があった場合は金額が増える可能性がありますが、おおよそ、150万円が目安です。ただし、**仮払い制度を使うと「相続放棄」（43ページ参照）ができなくなる可能性があることも留意しておきたい点です。**

預貯金口座の引き継ぎはどうする？

相続手続きに入るのは、死去・葬儀という慌ただしい日々が落ち着いたところで、というのが一般的な流れです。相続争いがなければ、金融機関で故人の口座を解約して預貯金を現金化することになります。

凍結された故人の口座の預貯金は、一連の手続きを経たのちに、引き出すなり名義変更をす

るなどの処分が可能になります。

手続きに必要な書類などは、相続の仕方によって異なります。

最も簡便で時間も短縮できるのは、「分割協議書なし・遺言書なし」で処理する方法です。

この方法では、相続代表者の口座に振り込んでもらい、後刻、相続人の間で分配します。

故人が金融機関の貸金庫(*)を利用していた場合、金融機関は相続発生を確認すれば閉鎖します。貸金庫の中身も遺産の一部になり、相続人が複数の場合は共有の扱いになるからです。

貸金庫は契約者の鍵と金融機関の鍵がないと開けられないシステムになっています。中身を知っているのは故人だけ。金融機関の担当者もわからないようになっています。

預貯金の通帳や株券、不動産の権利書などに加え、遺言書が残されているかもしれません。貸金庫の解約手続きも早めに済ませるようにするとよいでしょう。

(*)貸金庫：銀行などの金融機関が金庫室の保護箱を貸し渡し、有価証券や貴金属などを保護預かりする金庫。営業時間中、借り主は専用の鍵で開閉することができます。

基礎知識

4

配偶者は最低でも遺産の半分を受け取れる

亡くなった人の財産は、相続人の間で合意できれば、どのように分けても構いません。ただし、国は相続に関して一定のルールを決めています。「相続人に該当する人、しない人」「配偶者や子ども、兄弟姉妹間における遺産の分配割合」「相続税額」などについては法律で定めています。**遺産を相続する権利をもつ人を「法定相続人」と呼びます。**

配偶者には必ず相続の権利がある

次ページのイラストに、国が法律によって定めている相続人をまとめました。たとえば、夫が亡くなった場合、残された配偶者はどんなことがあっても相続人になります。

配偶者以外については相続順位が決まっています。第1順位は子どもです。基本的には配偶

法定相続人とは、国が定めている法律による相続人の基本です。

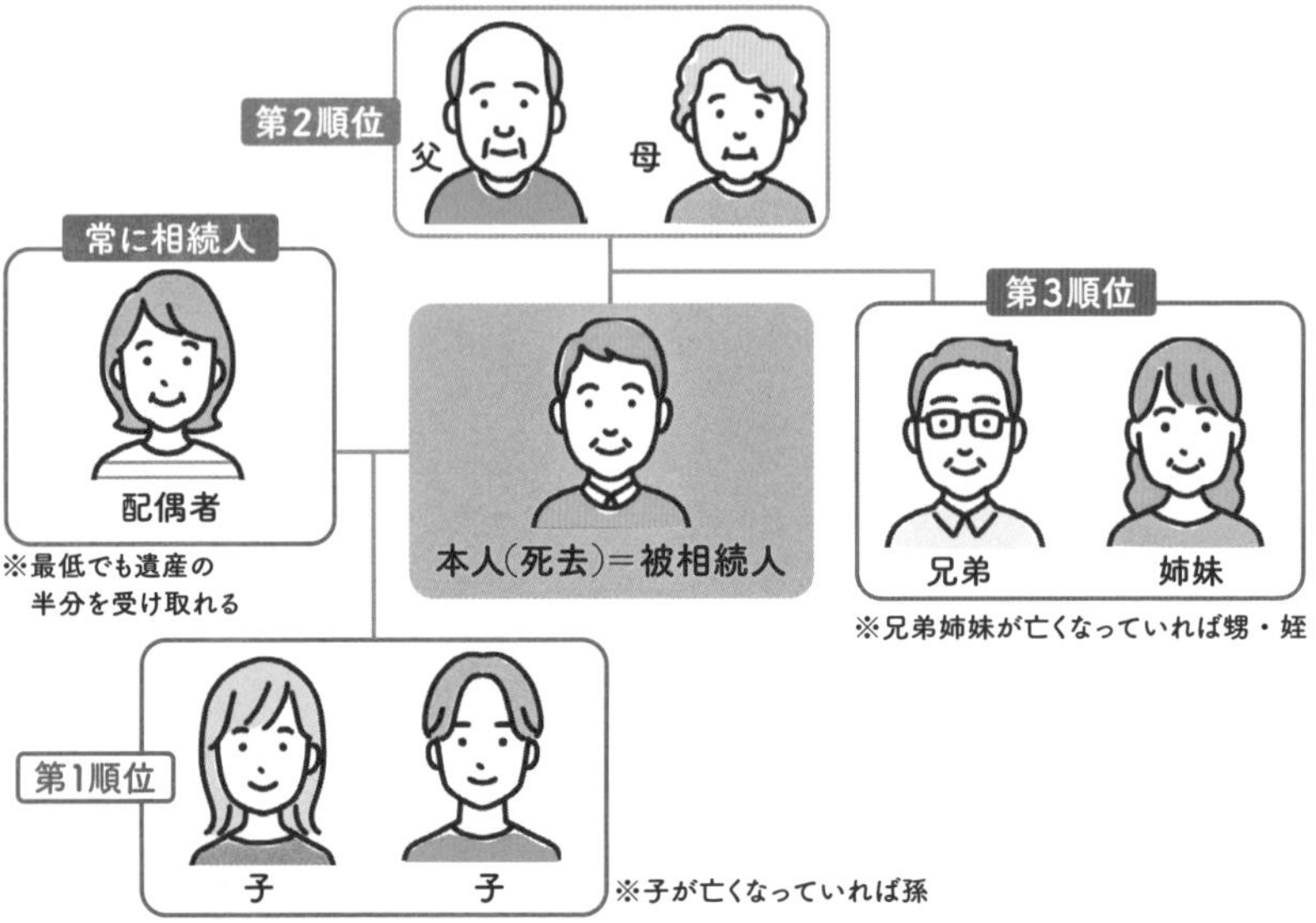

者と子どもが相続人になります（配偶者がすでに亡くなっている場合、子どもが相続人になります）。子どもがいなければ、配偶者と故人の親が相続人になります。故人の親も亡くなっていれば、法定相続人は配偶者と故人の兄弟姉妹です。

また、たとえば、**配偶者より子どもが先に亡くなっていれば、子どもの子ども（孫）が相続の権利を有することになります。**これを代襲相続といい、孫が相続人に該当するのはこのケースです。故人の子どもが健在であれば、孫は相続人にはなれません。兄弟姉妹が相続人になるケースでは、甥と姪が代襲相続します。

配偶者が2分の1、残りを子どもが分ける

配偶者は最低でも故人の遺産の半分を受け取れます。子どもがいれば、**配偶者の取り分は2分の1で、残りの2分の1を相続人に該当する子どもで分ける**ことになります。

故人との間に子どもがいない場合は、故人の親（第2順位）、あるいは故人の兄弟姉妹（第3順位）と相続することになります。その場合、親が健在なら3分の2、兄弟姉妹がいれば4分の3が配偶者の相続分になります。

相続は入籍しているか否かによって、天と地の違いが出ます。離婚をした場合、前妻には相続分はありません。いわゆる、愛人も相続人には該当しません。ただし、故人と前妻との間の子どもは相続人になります。愛人の子どもの場合も、故人が認知をしていれば相続財産を受け取る権利が発生します。

大物芸能人の死後に「養子」と「実子」の間で相続トラブルが発生した、といったニュースが流れることがあります。配偶者がいないケースでは、「養子」と「故人の兄弟姉妹」でモメたりすることもありますが、それは養子が第1順位の相続人に該当するからです。

子どもが複数人いる場合は、1／2を頭割りします。

・子どもが1人の場合

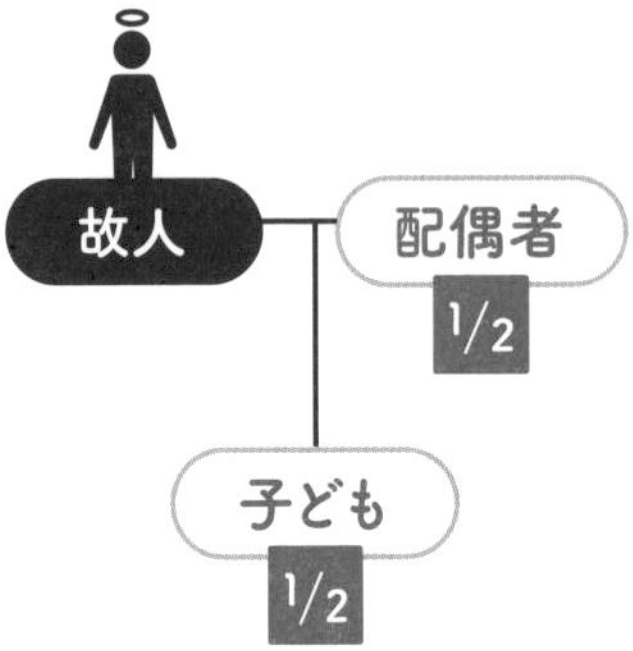

・子どもが3人の場合

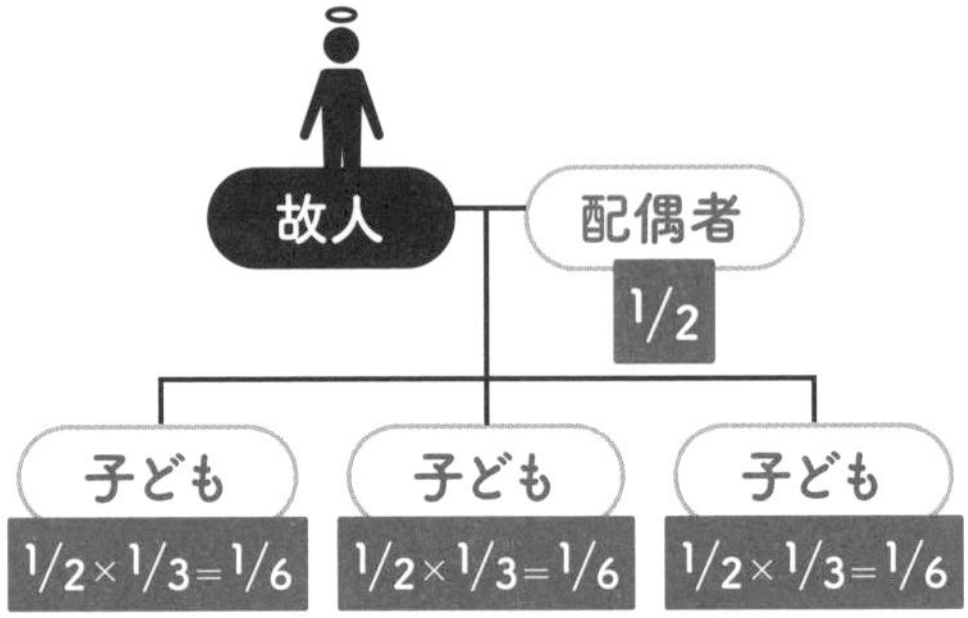

・子どもが他界している場合

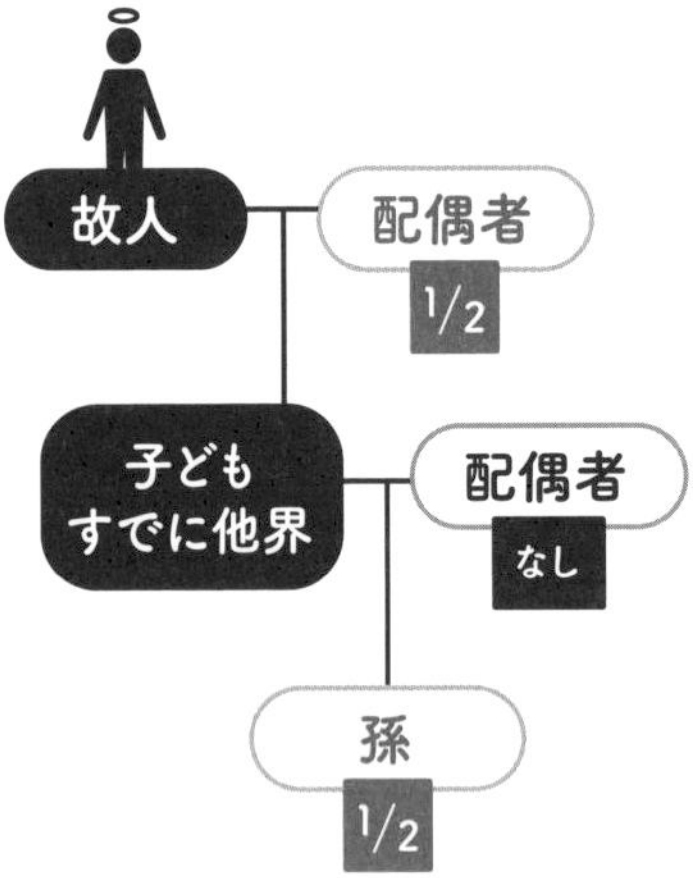

・愛人の子どもがいる場合

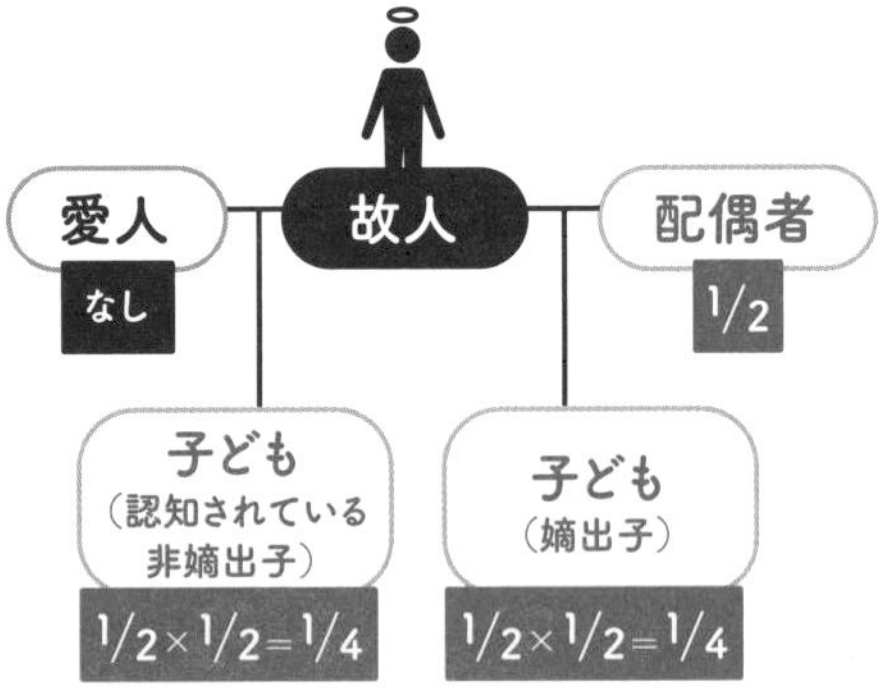

※非嫡出子とは、婚姻関係のない男女の間にできた子どものこと。

基礎知識 5

遺言書を残すなら「公正証書遺言」がベスト

遺産の分け方は、3通りに分かれます。

まずは、相続人の間で合意して、自由に配分する方法です。

2つ目は、国が定める「法定相続」に従う分け方です。

3つ目は、亡くなった人が残した「遺言書」による方法です。**遺言による相続を「指定相続」といいます。**「指定相続」は「法定相続」に優先します。したがって、遺言書に「○×に財産を寄贈する」とあれば、法定相続人や親族でない人でも相続財産を受け取ることができます。

私の事務所でも、遺言書付きで相続処理を進める案件が多くなりました。顧問先などから相続発生前に相談を受けた場合、遺言書が必要と判断すれば公正証書遺言(*)を作成してもらいます。

ただし、公正証書遺言だからといって安心できるわけではありません。私はお客さまから相

(*) 公正証書遺言：遺言者が公証人へ口頭で遺言の内容を伝え、公証人が作成する遺言書。公証役場で保管される原本、遺言者に交付される正本、謄本の3種類が作成されます。

続発生後に相続税申告の依頼を受けることも多く、中には公正証書遺言付きのものも含まれます。相続でモメることを想定し、弁護士に公正証書遺言を依頼したのでしょう。ところが相続トラブル回避を優先するあまり、納税負担が重くなる相続不動産の分割を遺言書に書いているケースが少なくありません。

公正証書遺言書の有効活用については、後ほど詳しく説明するので、ここでは遺言書の概要について触れておきます。

遺言書には「自筆証書遺言」「秘密証書遺言」「公正証書遺言」の3種類があり、たとえば以下のような決まりごとがあります。

- 2名以上での共同による遺言は認められない
- 生存中に遺言者は「取り消し」「書き換え」が可能
- 遺言書が複数ある場合、最新の日付と署名捺印のある遺言書のみが有効
- 遺言執行に関する諸費用は相続人が負担　など

自筆証書遺言とは？

遺言書は遺言者が全文を自筆で書くことが前提です。日付、署名捺印も必要です。ただし、財産目録や遺産の明細書についてはパソコンで作成しても有効です。

必要な要件ではありませんが、あえて自筆証書遺言を残すということであれば、「付言事項」(*)として、心の思いを付け加えるべきです。「家族仲良く」などとあれば、無用な相続トラブルが避けられることもあるでしょう。

自筆証書遺言書は基本的に、遺言作成者が保管します。そのため、遺言書の内容や存在を秘密にできます。作成費はかかりません。いつでも作成しなおしができることもメリットです。

自筆遺言書が複数ある場合、基本的には最も新しいものが正式な遺言書となります。したがって、年月が特定できなかった場合や、年月のみで日付がなかった場合は無効です。〇年×月吉日なども無効になります。

自ら保管するため、これまでは相続人に発見されなかったりすることや、紛失の懸念がありましたが、自筆証書遺言も法務局で保管してもらえるようになりました（遺言書保管手数料は３９００円です）。

自筆証書遺言の場合、作成は比較的容易ですが、相続発生後に面倒な手続きが待っています。

(*) 付言事項：遺言書において法的効力をもたない記載事項。たとえば、家族へのメッセージや葬儀・納骨に関する希望などが書かれます。

自宅や金融機関の貸金庫、故人が信頼する友人などに預けていた遺言書が見つかった場合、遺言者の最後の住所地の家庭裁判所に「遺言書検認(*)の家事審判申立書」を提出（申立）します。提出できるのは、遺言書を保管していた人か遺言書を発見した相続人で、８００円の収入印紙と連絡用の切手を添えます。相続人全員の戸籍謄本、遺言者の出生から死亡するまでの連続した戸籍謄本も必要です。

家庭裁判所での検認手続きは、遺言書の偽造防止や存在の確認のために行われます。ただし、これは家庭裁判所が遺言が有効か無効かを判断するものではありません。

家庭裁判所は相続人または代理人の立会いのもとで筆跡や遺言書の内容を確認し、「遺言検認調書」または「検認済証明書」を作成します。立ち会わなかった相続人には、後ほど、通知がされます。

この手続き以前に遺言書を勝手に開封すれば、５万円以下の過料に処せられます。

遺言書で遺言執行者が指名されていれば、遺言執行者が相続事務を進めます。ほかの者が勝手に遺言を執行することも過料の対象です。

遺言執行者とは、遺言書の内容に沿って、遺言を確実に履行するための必要な手続きを行う人です。基本的に子どもがなることが多いですが、弁護士や税理士、司法書士なども就くことが多いようです。

(＊) 遺言書検認：家庭裁判所に遺言書を提出して、相続人立会いのもと遺言書を開封して、遺言書の内容を確認する手続きのこと。

遺言執行者は、遺言者の死亡で相続がスタートすると、相続人への通知や相続財産の目録作成などを経て、遺言に基づいた財産の名義変更などの手続きを進めていくことになります。

自筆証書遺言でも、法務局で保管されていた場合は検認は必要ありません。

秘密証書遺言とは?

遺言の内容を秘密にしたまま、公証人（公正証書の認証を行う公務員）に遺言の存在のみを証明してもらう遺言書です。遺言者が遺言書を作成し、その遺言書に署名捺印をします。パソコンや代筆で作成しても構いません。

遺言者が、遺言書を封筒に入れ、遺言書で用いた印で封印。それを公証役場に持参します。公証人と証人2人以上の前に提出することで、本人の遺言書であることや、提出した日付を封書上に書いてくれます。遺言書は本人が保管します。

この場合、公証役場で証明を受けるための費用がかかります。秘密証書遺言書の保管は本人のため、相続開始後は、家庭裁判所の検認手続きが必要です（公証人手数料は1万1000円です）。

公正証書遺言とは？

公証役場に出向き、公証人に遺言の内容を伝え、作成してもらいます。

公証役場は法務省（法務局）が管轄する官公庁の一種で、全国に約300か所あります。その公証役場で執務する公証人は約500人で、多くは裁判官や検察官経験者です。身分は公務員ですが、独立の事業主。固定給はなく、収入は手数料によることから「手数料収入の公務員」ともいわれています。

公正証書遺言を作ろうとする人は、公証人と事前に打ち合わせをするのが一般的です。戸籍謄本、住民票、実印、印鑑証明書など相続の定番書類に加え、通帳、株式や公社債の取引残高証明書、不動産の固定資産税評価証明書などを持参し、誰にどの財産を残すのかを明らかにします。

口頭でもメモ書きでも構いません。公証人はそれを元に遺言書の文面を作成します。公正証書を作成するには、公証役場に出向きます。当日は、公証人が遺言を読み上げます。2人の証人とともに内容を確認し、署名捺印することで手続きは完了します。所要時間は30分から1時間程度です。

公正証書遺言の原本、正本、謄本が1部ずつ作成され、原本は公証役場に保管、正本と謄本は遺言者に交付されます。

2人以上の証人も内容を確認するので、遺言の内容や遺言の存在が知られることになります。ただし、相続発生後の家庭裁判所における検認手続きは不要であり、検認作業が必要な自筆証書遺言と異なり、すべての相続人に通知が行かなくて済むというメリットがあります。

注意したい点は、**遺言を残す人から財産を贈られると推定される人（相続人など）や未成年者は証人になれないということです。**依頼を受けて、私の事務所のスタッフが証人になる例もあります。

この場合の公証役場の手数料は、相続財産の価額や相続人・受遺者(*)の人数によって異なりますが、それほど高額ではありません。相続人1人当たりの相続額が「5000万円超から1億円以下」の場合、相続人1人につき手数料は4万3000円です（日本公証人連合会ホームページ https://www.koshonin.gr.jp 参照）。

ただし、公証人によって対応が異なるのが現実です。柔軟に対応してくれる公証人もいれば、決まり切った対応の公証人もいます。どの公証役場で作成しなければならないという決まりはありません。


(*)受遺者：遺言によって相続人や相続人以外の人に財産を渡すことを「遺贈」といい、遺贈を受ける人を「受遺者」といいます。

遺言書の作成では「遺留分」に気をつける

遺留分とは、法定相続人に保証されている相続の最低限の取り分です。遺言書で「○×の取り分はゼロ」とあっても、法定相続人であれば、最低限の取り分は主張できます。つまり、「すべての財産を長男Aに相続させる」とあっても、ほかの法定相続人にも必ず権利が認められているということです。

左ページに示したように、遺留分は、概ね、法定相続分の半分と思っていいでしょう。たとえば、相続人が配偶者1人だけの場合とします。通常であれば、配偶者の法定相続分は100%です。法的にはすべての相続財産を配偶者が引き継ぎます。仮に遺言書に「世話になった愛人Aにすべてを相続させる」とあっても、配偶者は遺留分として半分を受け取る権利があります。

法定相続人が配偶者と子どもの場合も、配偶者は「2分の1×2分の1」、子どもは「2分の1×2分の1×子どもの人数分の1」が遺留分となります。

法定相続人が配偶者と故人の父母の場合は、配偶者は「2分の1×3分の2」、父母は「2分の1×3分の1」が遺留分となります。

法定相続人が配偶者と故人の兄弟姉妹の場合には、兄弟姉妹には遺留分はなく、配偶者は

遺留分の割合——
遺留分は概ね法定相続の半分です。

① 配偶者のみ

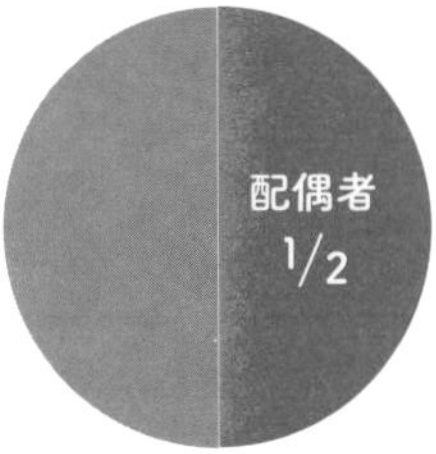

② 配偶者と子ども

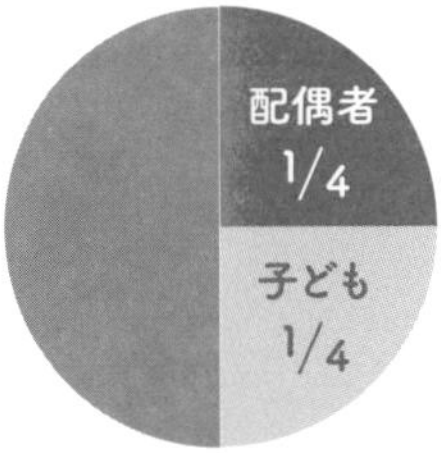

※子どもが複数人の場合は
1／4を人数で割る

③ 配偶者と父母

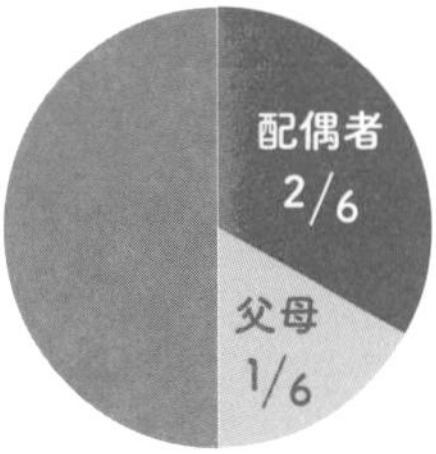

④ 配偶者と兄弟姉妹

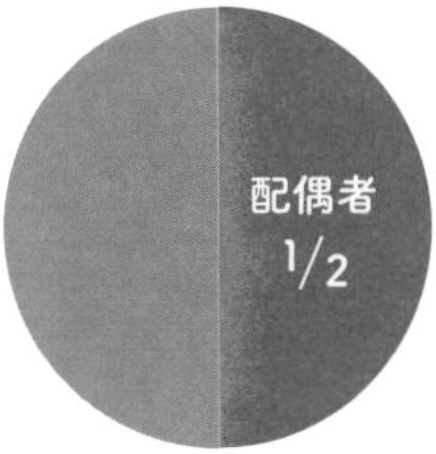

※故人の兄弟姉妹は
遺留分なし

⑤ 子どものみ

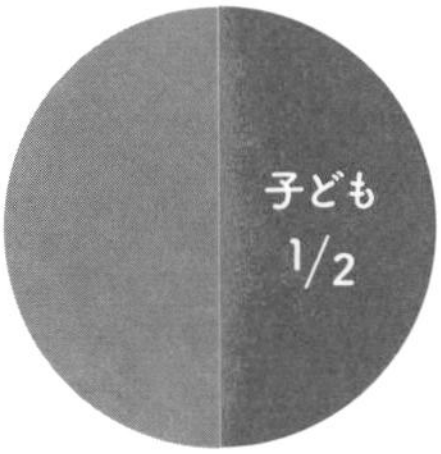

※子どもが複数人の場合は
1／2を人数で割る

⑥ 父母のみ

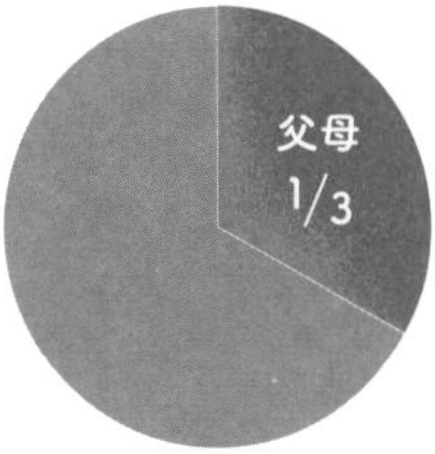

「2分の1」となります。法定相続人が子どものみの場合の遺留分は「2分の1×子どもの人数分の1」です。法定相続人が故人の父母のみの場合だけ、遺留分は「3分の1」となります。

遺言で特定の人物に財産を多く譲ろうという場合は、この遺留分を考慮しておくといいでしょう。気をつけておきたい点です。

法定相続人が自身の遺留分を侵害された場合、遺留分の権利行使をすることができます。金銭による返還を求める「遺留分侵害額請求」です。

ただし、遺留分侵害額請求には時効があります。基本的に遺留分侵害があったことを知ったときから1年です。

また、遺留分侵害を知る・知らないにかかわらず、相続がスタートしてから10年経過すれば、遺留分侵害額請求権は行使できなくなります。

基礎知識

6 借金まで相続したくないときは「相続放棄」

相続したらマイナスの財産も引き継ぐ

相続するということは、プラスの財産だけでなく、マイナス財産も引き継ぐということです。

たとえば、亡くなった父親が生前に債務保証、つまり、他人の保証人になっていたとして、死後に債務当事者が返済不能になれば、相続人に支払い請求が来ます。

長期間行方不明だった兄弟姉妹が、実は多額の借金を抱えていたことが相続のときになって判明することもあります。

法定相続人は亡くなった人の借入額などについて、銀行やクレジットカード、消費者金融の関連機関に情報を照会することができます。

相続放棄すると、プラスの財産を受け取らない代わりに故人が抱えていた負債の返済義務もなくなります。

相続するプラス財産より、借金や債務などのマイナス財産が多い場合は、どうすればよいのでしょうか。

「相続放棄」、あるいは「限定承認」という手続きが可能です。

相続放棄は、相続そのものを放棄することです。プラスの財産を受け取らない代わりに、故人が抱えていた負債の返済義務はなくなります。

プラスの財産の範囲で故人の借金や債務を引き継ぐことを限定承認といいます。いずれも死亡を知った日から3か月以内に、家庭裁判所に申し立てます。

相続放棄は相続人一人ひとりが申し立てをすることが可能です。それに対して、限定承認は相続人全員で行います。使い勝手は相続放棄のほうがはるかに勝っています。

司法統計年報（２０２０年）によれば、年間に相続放棄を申し立てる人は20万人を超えています。思いのほか多いのです。相続税の納税者はおおよそ30万人です。

ちなみに、相続放棄でも限定承認でもなく、財産も借金も全部引き継ぐという通常の相続は「単純承認」といいます。

相続放棄をしても、遺族年金や受取人指定の生命保険の受け取りには支障はありません。ただし、相続発生にともない「仮払い制度」を利用して故人の預貯金口座から引き出したりすると、相続放棄ができなくなる可能性があるので、その点は注意が必要です。

とにかく、故人に借入金が多い場合などは、慎重な対応が求められます。

相続放棄があると新しい相続人が出てくる

「相続はしません」と、相続人一人ひとりが独自に決めることができる相続放棄は、相続人全員の合意が必要な限定承認に比べて手続きが手軽といえるでしょう。１人でも反対の相続人がいれば限定承認は認められません。

ただし、相続放棄に関しては、ちょっとややこしい問題が残ります。相続放棄は、相続人ではなくなったことを示すことです。そのため、本来は故人の相続財産とは関係がなかった、相続順位が下位の、故人の父母や兄弟姉妹が相続人になるケースも出てきます。

たとえば、配偶者（妻）が、故人（夫）が多額の負債を抱えていることを知っていることから、相続発生とともに相続放棄をしたとしましょう。

第1順位の相続人である子どもがいれば、順番としてまず子どもがすべてを相続することになります。その子ども全員が相続放棄をしたら、第2順位の故人の父母が相続人になります。その父母もすでに亡くなっていたら、第3順位の故人の兄弟姉妹が相続人になります。

このように相続放棄があると、次の順位の人が新たに相続人となります（30ページ参照）。

日頃の関係が疎遠だったりすると、思わぬ事態に巻き込まれる可能性もあるということです。

相続放棄の申し立て期限は、相続開始から3か月です。ただし、債権者からの通知で相続人になっていたことを知った場合は、通知があった日から3か月以内ということになります。

モメない！

第2章

モメない相続

モメない！

1 相続をスムーズにする遺産分割協議書

遺産の分け方の合意を示す「遺産分割協議書」

母親が亡くなって相続が発生した家族がいたとします。父親はすでに10年以上前に亡くなっています。遺言書はありませんでした。

相続財産は母親が住んでいた建物と宅地、相続人たちにとっては実家です。そこには長男が現在も住んでいます。それと母親名義の少しばかりの預貯金です。

相続人は3人。実家に住む長男、結婚を機に実家を離れた長女、それに次男です。次男も大学進学・就職で実家から離れた地に生活拠点を構えています。

相続財産が預貯金、国債、上場会社の株券など現金化が容易なものに限られていれば、スッキリと分割することが可能です。法律（法定相続）では3分割。長男、長女、次男の取り分は

「遺産分割協議書」とは、相続人のさまざまな思いや主張をまとめ上げ、遺産の分配を具体化させた書面です。

被相続人の死亡（相続の発生）

↓

相続人全員で遺産分割協議

↓

相続人全員が遺産分割協議で合意

↓

遺産分割協議書の作成・相続人全員の押印

↓

亡くなった日の翌日から10か月以内に相続税の申告

3分の1ずつです。

しかし、宅地などの不動産があるとそうはいきません。たとえば、長女あるいは次男から「実家を含めて遺産はすべて3等分してほしい」という要望が出たらどうでしょうか。

母親が住んでいた宅地（実家）を、3人の子どもが分割所有する方法もありますが、実家を売却して現金で分けるのが現実的な方法となります。ただし、実家で母親と同居していた長男は、実家を売却してしまっては、新たに住む家を求めなければなりません。

相続に対する思いはさまざまです。ここでは最も見受けられるパターンを紹介します。相続人それぞれの心の内が透けて見えます。

長女や次男の多くは、「兄の住まいである実家を奪ってまで遺産を相続したいと考えているわけではないが、現金化した預貯金の3等分だけでは受け取る相続額が少なすぎる」と本音を打ち明けます。

一方で、あくまで実家の建物・宅地を含めて3等分を主張する長女や次男もいます。長男は長男で、「母親と同居して長く世話をしてきたのだから、実家を含めた3等分などあり得ない。現金（預貯金の相続割合）も多くほしい」と主張します。

こうした**相続人のさまざまな思いや異なる主張をまとめ上げ、遺産の配分を具体化させたものが遺産分割協議書です。**

遺産分割協議には全員が集まらなくてもいい

遺産分割協議書の書式や形式は自由です。「協議」といっても相続人全員が集まる必要もありません。相続人の合意形成を示すもので、実務的には、相続人全員の実印による押印と、印鑑登録証明書の添付などが必要になります。必ずしも作成しなければならないわけでもありません。

ただし、銀行や証券会社に預けている遺産の名義変更の際には、遺産分割協議書の添付を求められるのが一般的です。不動産の所有権移転登記にも必要です。

遺産分割協議書は、相続人の合意形成を示すものです。

遺産分割協議書

被相続人　○○○○が令和×年×月×日死亡し、その遺産については、同人の法定相続人の全員において分割協議を行った結果、各相続人がそれぞれ次のとおり遺産を分割し、取得することを決定した。

1　相続人　○○○○　が取得する財産
(1)土地
　東京都○○区○○町○丁目○番
　宅地　220㎡
(2)建物
　東京都○○区○○町○丁目○番地　家屋番号○番
　鉄骨造ステンレス鋼板葺3階建　居宅　1階　150㎡　2階150㎡　3階150㎡
(3)預貯金
　○○銀行　○○支店
　普通預金　口座番号○○○○○○○
(4)家財他一式

2　相続人　○○○○　が取得する財産
(1)預貯金
　○○信用金庫　○○支店
　普通預金　口座番号○○○○○○○
(2)有価証券
　○○電力(○○証券株式会社　○○支店預け)　3,000株

3　相続人　○○○○　がその他一切の財産・債務を承継する。

以上のとおり、相続人全員による遺産分割の協議が成立したので、これを証するための本書を作成し、以下に各自署名捺印する。

令和○年　○月　○日

東京都○○区○○町○丁目○番地
　　相続人　○○○○　㊞
東京都○○区○○町○丁目○番地
　　相続人　○○○○　㊞

遺言がない場合、遺産分割協議書の作成など、遺産分割の合意成立を経て相続税の申告をするというのが、相続手続きの一連の流れです。

遺産分割協議がまとまらなければどうなる？

相続税の申告期限は、亡くなった日（相続開始があったことを知った日）の翌日から10か月以内です。

葬儀・納骨などの一連の儀式がありますし、「世帯主変更届(*)の提出」といった役所への手続きも少なくありません。相続人当事者は忙しい日々を送ります。ほとんどの人が相続における事務がはじめてなので、精神的負担がかかるものです。

私の事務所では中小企業のオーナーや医師をはじめ、地主、商店主、農家、会社勤めの方などさまざまな遺族の方々から相続の相談を受けます。遺産額もビックリするような高額なケースもあれば、数百万円というケースもあります。ただし、相続税の申告依頼に訪れる方の多くは、「申告期限まで時間があるようで、なかった」と、異口同音に感想を漏らします。私も経験していますが、相続人の実感といっていいでしょう。

では、それぞれが主張を押し通すばかりで、分割協議が相続税の申告期限に間に合わなかっ

(*) 世帯主変更届：世帯主が死亡した際などに、役場へ新しい世帯主への登録変更を届け出る書類。世帯主の死亡から14日以内に提出しなければなりません。

た場合は、どうすればいいのでしょうか。**それぞれの相続人が、法定相続分の遺産を取得したものとして相続税の計算をし、いったん申告と納税をすることになります。**その場合、配偶者の税額軽減や小規模宅地等の評価減（157ページ参照）といった、相続税の特例は適用できません（ただし、そのあとに分割協議が整った上で申告し直せば、特例適用を受けることができます）。

どうしても遺産分割協議がまとまらない場合は、家庭裁判所の「調停」(*)を利用することができます。家庭裁判所は各相続人から要望を聞くなどして、解決案を出してくれます。調停でもまとまらなければ、自動的に「審判」に移行します。ここまでくると、家庭裁判所によって強制的に遺産が分割されます。また、裁判開始となれば弁護士報酬などの費用もかかります。

周囲の口出しがスムーズな相続を妨げる

相続人の間からは表面上は相手の立場を理解し、早期に相続問題を決着したいという気持ちがくみ取れます。

しかし、相続財産の具体的な分割案が出てくると、様相は一変します。分割についてモメはじめると収拾がつかなくなり、相続人全員による納得・合意は難しくなる、というのが相続の

(*) 家庭裁判所の調停：2名の調停委員が中心となって、相続人から個別に意見を聞くなどして協議し、分割方法を決めていく手続き。話がまとまらない場合は、裁判官から強制的に「このように分割しなさい」という結論を出してもらう「審判」という手続きに移ります。

ある一面です。

宅地など分割しにくい相続財産をめぐってモメることが多いのですが、その多くは相続人の間の感情面の行き違いが最大の要因です。**「兄弟姉妹は肉親でも、配偶者は他人」**とは、相続争いで定番になっているといっていいほどよく聞くフレーズです。

たとえば、長男の配分割合が高くても、相続人である弟や姉妹の間では「実家を継ぐ兄貴だから仕方がない」と許容するケースが多いものです。ところが、弟の配偶者が「なぜ、ウチの遺産配分が少ないのか。法律で定められた法定相続の割合で受け取る権利があるはず」と、相続人である弟に吹き込んだりすることがあります。一方、長男の配偶者は「義母の面倒を看てきたのは私たち夫婦なのだから、遺産の配分割合が高いのは当然」と、長男に愚痴を言い出したりします。相続でモメていることを聞きつけた叔父叔母や友人たちが、相続人本人やその配偶者に対してあれこれとアドバイスをしたりします。

このように**身内や友人のアドバイスが、遺産分割協議をさらに複雑にしてしまう例は少なくありません。**相続人である当事者が、周囲の声に惑わされるようになったら、まとまる話もまとまらなくなります。遺産分割の話し合いは長引くばかりで、なかなか合意できなくなります。

相続案件を数多く手がけてきた経験からいえることは、相続人当事者だけで遺産分割協議を進めたほうが、スムーズな相続につながる可能性が高いということです。

遺産分割を進める前に以下のフローチャートでやるべきことを確認しましょう。

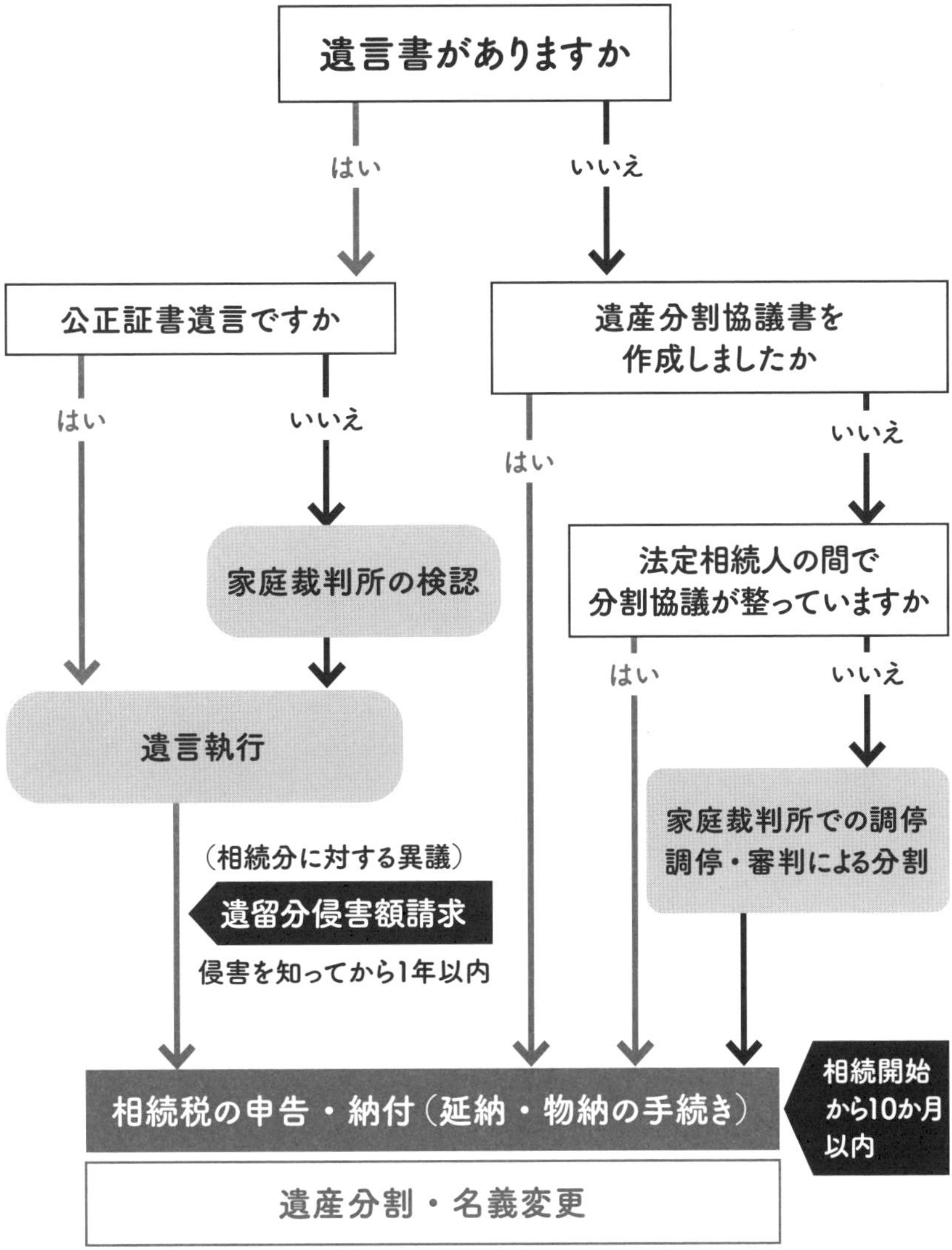

モメない！

2

親が認知症になったら相続問題は進まない!?

認知症と判断されると相続問題は進まない

相続発生前（亡くなる前）に、親名義の不動産を売却しようとしてもスムーズにいかないことがあります。それは認知症状態であることを問われる場合があるからです。

たとえば、介護施設に親が入居しているとしましょう。親名義の不動産を売却しようという場合、依頼した不動産会社担当者は司法書士などを介護施設まで帯同してきて、親に対して「売却することにしたのですね？」などと確認します。形式的な質問であり、「はい、よろしく」程度の応対があればいいのですが、認知症が進み無反応の場合は、売買契約書が作成できない場合があります。

高齢者の増加によって、これから確実に増えるのが認知症にともなう相続問題です。**親が認**

知症（意思能力を喪失）と判断されると、本人資産は凍結状態になります。カードを利用すればできないことはないのですが、原則として金融機関の親名義の預貯金口座から現金を引き出すこともできなくなります。

親名義の株式の売却もできません。もちろんマイホームの売却も無理です。そのため、子どもたちは生前に進めておきたいと思っても相続対策はできなくなります。認知症が進行し本人に判断力がなくなったと認定されると、相続問題は一歩も前に進むことはないと覚悟すべきです。

使い勝手が悪い「成年後見制度」

このように、**判断力を失った本人の財産を守るための制度として「成年後見制度」が用意されています。**

成年後見制度には大きく分けて2つの制度があり、本人の判断能力があるうちに、財産の管理をしてほしい人（子どもなど）を代理人とするのが「任意後見制度」ですが、認知症などで判断力がなくなっている場合は「法定後見制度」を利用することになります。

ここでは、この法定後見制度に話を絞ります。親族などが家庭裁判所に申し立てることで、本人の判断力（認知度）の段階によって「後見人」「保佐人」「補助人」が選任されます。選任された後見人などが、不動産売買契約や介護施設との契約、保険料や税金の支払い、口座預金の出し入れなどを担当します。

家庭裁判所は後見人に、子どもなどの親族以外の弁護士や社会福祉士、司法書士などを選任することがあります。最近は親族以外が選ばれるケースが多くなっているといいます。

これらの成年後見制度の利用を開始すると、原則中断・停止はできません。つまり、亡くなるまでやめられないのです。弁護士や社会福祉士、司法書士など、いわゆる〝専門職後見人〟が選任されると報酬が発生します。認知症と診断されてから亡くなるまで5年、10年だったとして、その間、専門職後見人に報酬を払い続けることになります。

正直にいえば使い勝手が悪い制度、といわざるを得ません。金融機関や家庭裁判所などとのやり取りが煩雑になります。

親族にとっても、後見人制度に戸惑うことは多いはずです。

親の財産管理は専門職後見人に委《ゆだ》ねられることになります。**親族は、預貯金を含めて親の財産を自由に動かせなくなります。**

たとえば、認知症の親の後見人として弁護士が選任され、その弁護士から相続人の長女に連絡がありました。家庭裁判所の担当者から、「親族への香典費用20万円の出金は高すぎるのでは？」」というのです。これは、財産の出入りなどについて「後見人弁護士→家庭裁判所」に報告がなされるからです。

相続人の長女としては、親が元気だったころの付き合いを考慮に入れ、供花・香典を含めて20万円相当の出金をしたのです。決して不自然なことではありません。家庭裁判所の担当者の中には、そうした事情を認識していなかったりすることもあるのでしょう。

「家族信託」ならできる範囲が広く使いやすい

親の言動に認知症の疑いを感じるようになったら、活用したいのが「家族信託」です。

親子間で「信託契約」(＊)**を結び、子どもが親のために財産管理をするのが家族信託です。**財産の所有権が「委託者・親」から「受託者・子」に移転するため、親が万一認知症になってしまっても、子どもが財産の管理を行うことができます。つまり、認知症になる前に家族信託を利用すれば、資産凍結状態を回避することが可能になるということです。

たとえば、親が賃貸アパートや駐車場を所有していたとして、それらの不動産収入は、そのあとも親が受け取ることができます（「受益権」といいます）。

家族信託を行うためには、「公正証書での信託契約書」を作成し、家族信託で使う銀行口座

（＊）信託契約：委託者がもつ財産を受託者に託し、受託者は委託者の意思に沿った方法で財産の管理・運用・処分をするという契約。

親子間で信託契約を結び、子どもが親のために財産管理をするのが「家族信託」です。

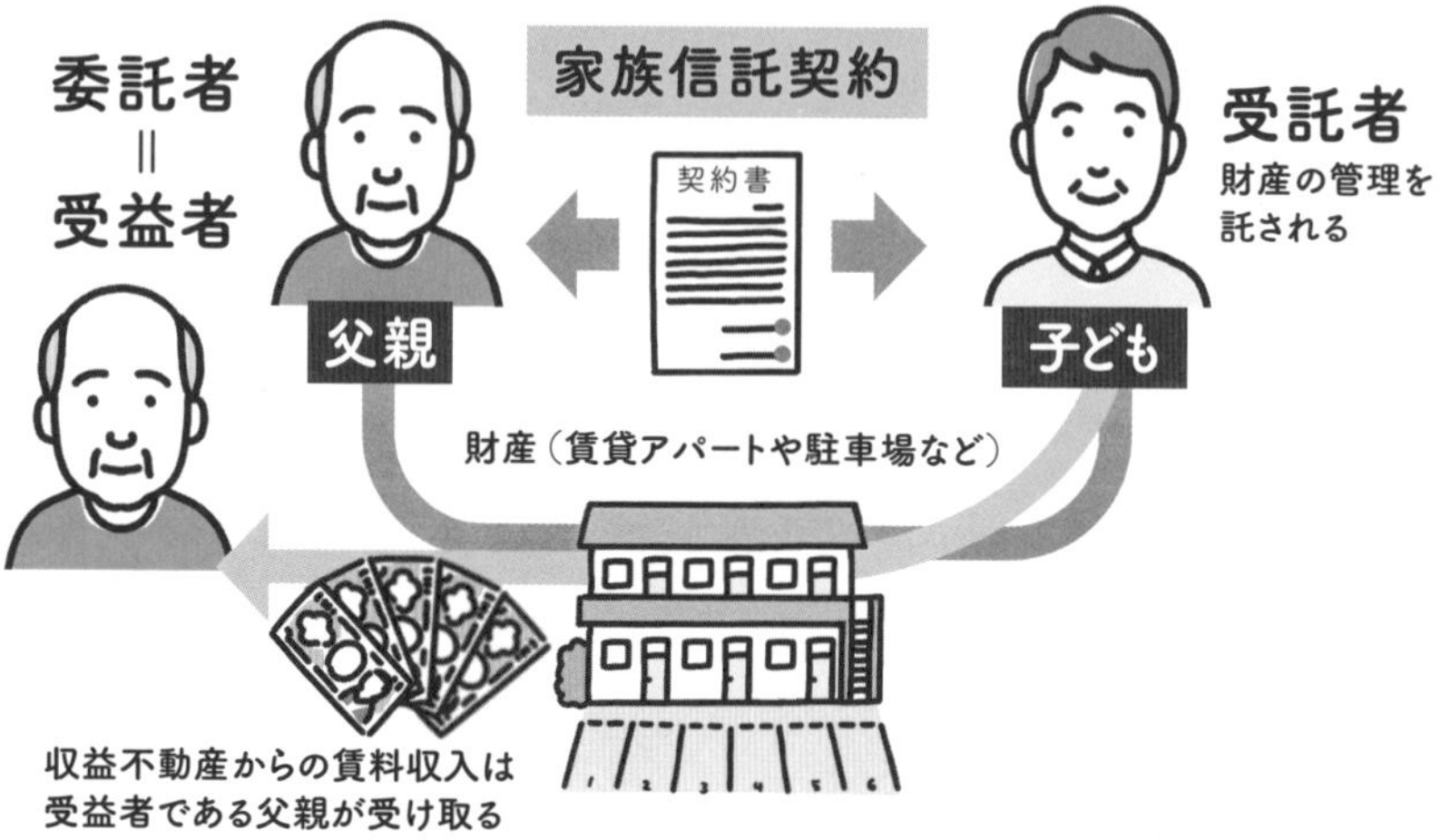

の開設、**不動産の信託登記手続きなどが必要になります。**賃貸アパートや駐車場など、信託財産から収益がある場合は、受託者は「信託の計算書」を税務署に提出することになります。受益者（親）は確定申告書を提出します。

日々の支出の記帳や領収書の保管といった手間がかかりますが、家族信託は成年後見制度に比べれば柔軟な制度です。**家族信託を利用すると、受託者・子に財産の管理・運用権限が移転するため、委託者・親の意思確認は必要ありません。**子どもだけで財産管理が完結することは、家族信託の大きなメリットです。

モメない！

3

「遺言書の盲点」に気をつける～遺言書を作るときは慎重に！

相続は最終的に相続税の納付に行き着く

私たち税理士にとって、「それはないよね！」という遺言書を見ることがあります。亡くなった父親が生前、弁護士に依頼して作成したのでしょう。遺言書からは、相続トラブルを回避するために「平等に分ける」という思いが伝わってきました。

中でも問題となったのは、相続財産の大部分を占める不動産の処理です。相続人の子ども、長男Aと次男Bが不動産について共有名義にするという遺言書だったのです。

弁護士としては、依頼者の主張を踏まえ、相続トラブルを避けたいという要求に応えてベストチョイスと考えたのでしょう。

しかし、税務の専門家の立場からいえば、あまりにも安直としか思えませんでした。相続税の軽減や、実際の相続後をまるで考えていない、遺言書だったのです。私の事務所では「遺言書の盲点」と呼んでいるものでした。

相続は最終的には、相続税の納付に行き着きます。税務と切り離すことはできません。**弁護士や司法書士など遺言書作成の相談をする場合は、税理士もアドバイザーに加えるべきです。**相続税計算の元となる不動産評価や分割案などについて適切なアドバイスが得られて、結果的に、相続税の負担の軽減や納税資金の確保ができます。

不動産の共有は、相続トラブルのもと？

「不動産の共有は、将来的なトラブルの原因」というのが、相続の常識です。

亡くなった父親が、弁護士のアドバイスを元に作成した遺言書に従い、土地を共有名義にしたとしましょう。

時は流れ、長男Aと次男Bが亡くなります。長男Aと次男Bのそれぞれの相続人が、共有名義にした土地を売却しなければならない事態を迎えるとします。

このような場合、現預金が足りず、相続税を納税するために不動産を処分して資金を用立てるケースは少なくありません。

しかし、共有名義のままでは、お互いの意見の相違があり売却が難しいのが現実です。父親が亡くなった時点で、不動産の共有を避けて分筆(*)しておくべきでした。

家が祖父名義のまま、父の相続が発生した場合は?

こちらもよくあるケースですが、祖父の相続の際に相続登記(名義変更)をしていなかった場合には、とても手続きが煩雑になります。その当時(祖父が亡くなったとき)の分割協議書および当時の相続人の印鑑登録証明書が残存している場合は、それを使うことによって名義変更が可能です。もし、そうした書類がなかった場合は、新たな分割協議書を作成し、その当時の相続人全員に実印の押印と全員分の印鑑登録証明書を入手する必要があります。

また、その相続人の中で亡くなった人がいる場合には、代襲相続といって亡くなった相続人の相続人全員に実印押印と印鑑登録証明書を発行してもらうことが必要となります。

なお、これまでは不動産の名義変更の義務はありませんでしたが、2024年4月からは相続登記が義務化されることが決定しています。

(*)分筆:登記簿上の1つの土地を複数に分割して登記し直す手続きのこと。土地は1筆、2筆と数えるため「分筆」といいます。

モメない！

4

相続させたい人に「100％相続」を実現する方法

疎遠な相手に遺産を譲りたくないとき

かつて婚姻関係にあった前妻との間に生まれた子どもAは、法定相続人に該当します。しかし、連絡もないという相手に遺産を譲りたくないという人もいるでしょう。

そこで遺言書を作成することにしました。

「財産のすべてを、現在の配偶者との子どもBに引き継いでもらう」

このような遺言書は実際に問題ないのでしょうか？

結論からいうと、**公正証書遺言（33ページ参照）であること、さらに実際に相続が発生してから子どもAが10年間気がつかなければ問題ありません。**

私は数多くの相続の現場を担当してきましたが、共通することがあります。それは、ほとんん

遺留分の権利行使期限は、相続開始から10年です。

公正証書遺言
公正証書遺言
父親
子どもB
全財産を子どもBに相続させる
前妻との間の子どもA
知らなかった…私の分は?
「遺留分侵害額請求権」は相続から10年で完全消滅!

どの人が、晩年に寄り添い身の回りの世話をしてくれた人にできるだけの財産を残したい、という思いを抱くということです。

前妻との間に子どもがいたとしても、現実には、疎遠になることが多いようです。それならば、人生の後半期に連れ添ってくれた配偶者やその子どもに相続財産を残らず渡したいとの思いを募らせるようです。

だからこそ、「財産のすべてを、現在の配偶者との間にできた子どもBに」という公正証書遺言を作成したのです。

では、なぜ10年間、相続の事実を子どもAに知られてはいけないのでしょうか。

請求権は相続開始から10年で消滅！

すでに説明したとおり、法定相続人であれば、遺言書の内容にかかわらず遺留分があり、最低限の取り分を主張できる権利があります。遺留分は法律で定められています。遺留分は絶対的な権利で、侵害されたら裁判に訴えることができます。

正確には「遺留分侵害額請求」といいます。２０１９年7月に施行された民法改正で、遺留分請求の名称は「遺留分減殺請求→遺留分侵害額請求」に改められました。

遺留分侵害額請求の期限は「相続が開始され、遺留分の侵害があることを知ってから1年」です。もし、遺留分の侵害があったことを知らなくても、相続開始から10年経ってしまうと侵害額請求権は時効によって消滅します。

遺留分の請求については、裁判になる例が少なからずあります。以前の遺留分減殺請求だと、裁判の判決が出るまで不動産などの相続財産が共有状態になるなど、さまざまな問題が出てきました。たとえば、長男が引き継いだ家業の株式（未公開）も共有名義になり、金融機関からの融資を含めて事業継続に支障が出てきたという例も少なくありません。

民法改正にともない、**遺留分の請求（遺留分侵害額請求）**は、不動産などの共有をなくし、**現金支払いに限定されました。**

相続させたくない人に連絡がいかないようにしたい

自筆証書遺言であれば家庭裁判所の検認が必要です。したがって、前妻の子どもを含めて相続開始の通知がなされます。

それに対して、公正証書遺言は、検認が必要ではありません。つまり、**疎遠になっている前妻の子どもには連絡はいきません。**

私の事務所が引き受けた案件では、依頼者は前妻との音信はまったくなく、その子どもたちとの行き来もありませんでした。亡くなったことは、知るすべもなかったのでしょう。先ほどのケースでいうと、子どもBは、相続開始から10年を過ぎて、遺言どおりに全財産の相続が確定しました。

モメない！

5

何もしないままだと財産は国のものになる！

相続人が不在で遺言書もないとどうなる？

顧問先を訪問する途中で見かける不思議なスペースがあります。たった1台だけが駐車できるコインパーキングです。10年以上もそのままの状態です。場所は都心であり、立地に問題はないのですが、狭すぎるのが難点です。パーキングを運営しているのは民間企業。ただし、当初の土地所有者は国でした。

元々は、小料理店が建っていた場所です。顧問先の経営者に誘われて、その小料理店を2、3回ほど利用したことがあります。常連の多くは近所の大学やマスコミ関係者でした。その小料理店を営んでいた女将がある日突然、病に倒れそのまま帰らぬ人となったのです。独身だったことは知っていましたが、法定相続人が誰もいなかった、というのはかなり時間が経ってから聞かされました。**相続人が不在で、遺言書もなかったことから、相続財産は国に帰属しました。**つまり、国の土地になったのです。

相続人がいないときの相続財産の処理手続き

遺言書がない場合、遺産相続の権利を認められているのは法定相続人だけである、ということは繰り返し説明してきました。これは法律（民法）に定められています。

配偶者は必ず法定相続人になります。配偶者がいなければ、子ども（孫）、父母、兄弟姉妹（甥姪）などの血縁者が法定相続人となる可能性があります。子どもがいなければ父母、父母もいなければ兄弟姉妹と優先順位が移っていきます。「代襲相続」といって、孫や甥姪が該当する場合がある、というのも説明したとおりです。

最近は未婚のままで亡くなる人も増え、法定相続人が兄弟姉妹というケースも多いのですが、その兄弟姉妹も亡くなっていると、甥や姪が代襲相続人に該当することになり、こちらが想定していた以上に相続人が増えてビックリすることがあります。

では、小料理店の女将のように相続人がいない場合はどういう扱いになるのでしょうか。**遺言書がない場合、遺産相続の権利があるのは法定相続人だけであり、該当する人が1人もいな**

いときは相続人不存在ということになります。

法定相続人や特別縁故者(*)がいなければ、相続財産は国に帰属します。こうしたケースも年々増えているようです。

ちなみに相続人が不在の場合は、法的手続きを通して処分が進められます。家庭裁判所が選任する「相続財産清算人」が事務手続きを進めます。一般的には地域の弁護士が選任され、官報で公告されます。

選任の公告にもかかわらず相続人が発見できなかった場合、相続財産清算人は相続財産の債権者や受遺者がいないか確認するために請求申出の公告を行います。

それでも期間内に相続人が発見されなかった場合、正式に相続人不存在が確定します。相続財産清算人は、法律に基づいて遺産の調査や管理、換金等の手続きを行います。必要とあれば、債権者や特別縁故者へ権利に応じて遺産を渡します。そして最終的に残った遺産を国庫へ納め、手続きは終了となります。

特別縁故者に相続が認められる場合

公告をしたにもかかわらず、相続人の申し出がなかったり、債権者が現れない場合は、相続

(*)特別縁故者：被相続人（亡くなった人）と特別親しい関係にあったことを理由に、法定相続人がいない場合に特別に被相続人の財産を取得できる人のこと。

遺言書に財産を遺贈する旨を記載していれば、法定相続人以外も財産を相続することができます。

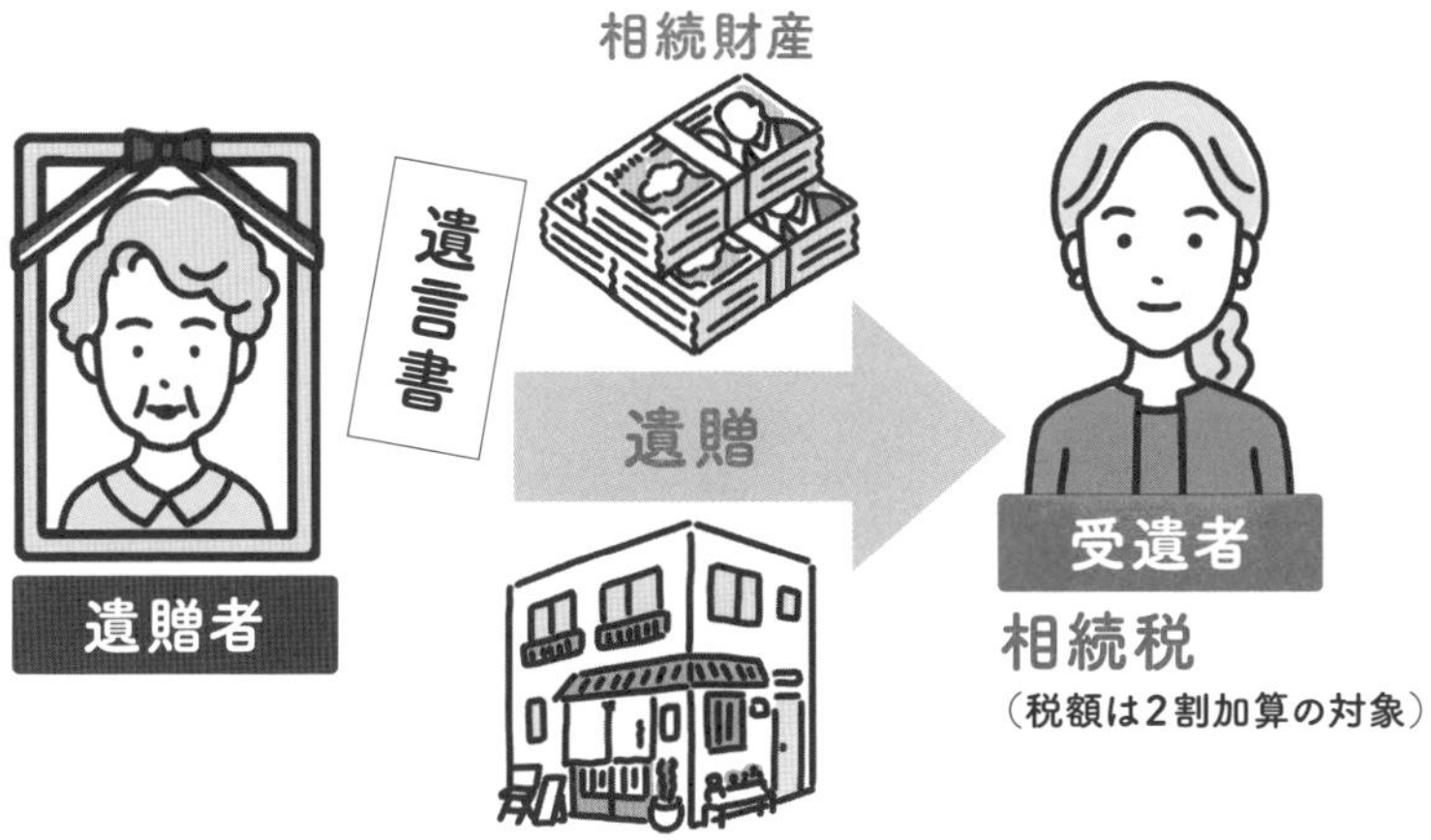

財産は国のものになります。ただし、例外的に特別縁故者に相続が認められることもあります。籍は入れてないものの内縁関係にあった人や、最期まで身の回りの世話をしていた人などが該当します。特別縁故者が相続財産を引き継げるのは、あくまでも法定相続人がいないことが大前提です。

特別縁故者として認められるためには、裁判所に申し立てをする必要があります。まして、すんなり認められるわけでもありません。特別縁故者の立場を争って裁判になる事例もあるため、審査は厳しいというのが現実です。ですが、何も手続きをしないままでいれば、亡くなった人の財産は国庫帰属となってしまいます。

結論をいえば、**おひとりさま相続は、遺**

言書で受取人を指定しておく必要があるということです。そうすることで、自分が財産を残したい相手へ、確実に財産を渡すことができます。

前述の小料理店の近所にある飲食店の店主は、ゴミ出しなどを含め、いろいろと亡くなった女将の身の回りの世話をしていました。女将が遺言書を作成していれば、それ相応の相続財産を受け取ることができたはずです。

もし、女将が生前に遺言書を作成し、お世話になった知人や従業員などに財産を贈与する旨を記載していた場合は、その人が財産を相続することになります。これを「遺贈」といいます。

遺贈は字面から贈与税の対象になりそうですが、相続税扱いです。

その場合は、通常の相続税額にプラスして2割に相当する金額が加算されます。

モメない！

6

子どもがいない夫婦こそ互いに遺言書を作成しておく

子どもがいない夫婦に相続人12人が出現⁉

長年連れ添っていたご主人が、病気で突然亡くなりました。夫婦に子どもはいませんでした。ところが、夫が亡くなって相続手続きに入ると、相続人は配偶者を含めて12人もいたという例がありました。

なぜ、子どもがいない夫婦に10人を超える相続人がいたのでしょうか。亡くなった夫は8人兄弟の末っ子で、その兄弟は夫より先に亡くなったため、その子どもである甥、姪が法定相続人になっていたのです。

配偶者に事情をうかがうと、「主人から甥、姪がいることを一度も聞いていませんでした。会ったことすらありません……」ということでした。

私の事務所のスタッフが所在確認に駆け回り、相続人全員を確認するまでおよそ1か月かかったと記憶しています。

別のケースでは、相続財産は少額の現預金と住まい用の宅地だけでしたが、相続人が24人ということもありました。関係者全員と連絡をとり、印鑑証明書を受け取り、実印を押印してもらう必要があり、苦労した記憶があります。

いずれにしても、子どもがいない夫婦の相続は、複雑な人間関係がともないます。その対処法として、たとえば世話になっている妹を養子縁組することや遺言書を作成することが考えられます。

〔対策1〕兄弟姉妹を養子縁組する

30ページでも説明したとおり、**故人に子どもがいれば、ほかの兄弟姉妹や、その代襲相続の甥姪も相続人にはなれません。**

したがって、その夫婦が妹と養子縁組をすれば、妹のみにその夫婦の遺産の相続権が与えられます。

養子縁組をするのは容易です。養子にする対象者が成人の場合は、明日にでも手続きが完了するといっていいでしょう。

ただし、その養子縁組をした妹と不仲になった場合、多少の手続きが必要になりますが、養子縁組の解消（親子関係の解消）ももちろん可能です。法律用語としては、養子縁組の解消は「離縁」といいます。

この手続きをしない限り、養子縁組が自然と解消されることはありません。

〔対策2〕子のいない夫婦は互いに遺言書を作成する

子どもがいない夫婦の場合、養子縁組と並んで、お互いに遺言書を作成するのも賢明な方法と思います。

たとえば、夫が先に亡くなった場合、残された妻は夫の親や兄弟姉妹と否応《いやおう》なく遺産問題で話し合わなければならなくなります。自宅の名義変更をしたり売却してほかに移るといっても、遺産分割協議が進まないと、事務手続きは事実上ストップ状態となります。夫の兄弟姉妹の中には、少しでも相続財産を譲り受けようと、口を出してくる人がいないとも限りません。

夫婦が生前に互いに遺言書を作成し、「私の財産のすべては妻に譲る」とか「私の財産はすべて夫に譲る」としておけば、相続発生後の手続きはかなりスムーズに進むはずです。

夫の親には最低限の取り分である遺留分（40ページ参照）は残りますが、兄弟姉妹には遺留分は認められていません。夫の親が亡くなっていれば、残された妻は１００％相続財産を引き継ぐことが可能です。

先ほどは、遺言書は公正証書遺言にすべきとしましたが、**ご夫婦２人で、ほかに法定相続人がいない場合においては「自筆証書遺言」のほうがお手軽なのでおすすめです。**

もちろん、夫婦それぞれが遺言書を作成することになります。共同遺言書は認められません。ビデオレターなども正式な遺言書には該当しません。

土地、建物、預貯金といった財産目録はパソコンで作成しても認められます。以前は相続財産の目録についても自書することが要求されていましたが、自書でなく、パソコンを利用したり、不動産（土地・建物）の登記事項証明書や通帳のコピーなどの資料を添付したりする方法で作成することができるようになっています。夫婦で築いてきた財産を確認するのにもいい機会でしょう。ただし、本文は自筆とし、日付の記入は必須です。遺言書自体は何回でも書き直すことが可能で、最も新しい日付の遺言書が有効となります。実際に夫が亡くなり、１人だけになった場合は、改めて遺言書を書き直せばいいでしょう。

公正証書遺言や秘密証書遺言とは異なり、公証人や証人の関与も必要ありません。単独で作成することができるので、最もお手軽な遺言といえるかもしれません。

法定相続人がいない夫婦は「自筆証書遺言」のほうがお勧めです。

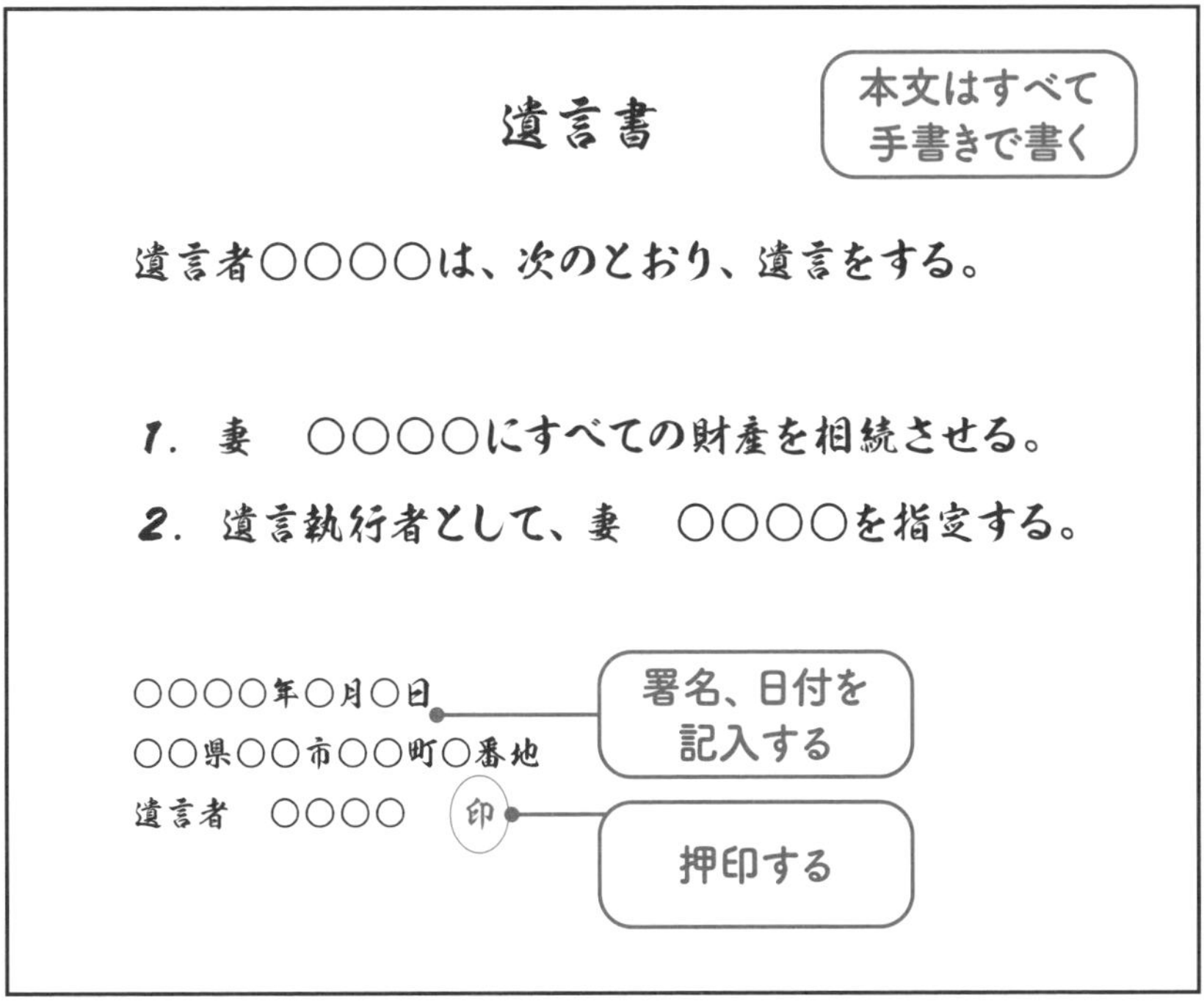
遺言書
本文はすべて手書きで書く
遺言者○○○○は、次のとおり、遺言をする。
1. 妻　○○○○にすべての財産を相続させる。
2. 遺言執行者として、妻　○○○○を指定する。
○○○○年○月○日
○○県○○市○○町○番地
遺言者　○○○○
印
署名、日付を記入する
押印する

ただし、自筆証書遺言は、最終的に家庭裁判所の検認が必要です。**法務局が自筆証書遺言書を預かってくれる制度が2020年からスタートしています。この場合は検認手続きが不要です。**

モメない！

7 土地の権利関係が招く予想外の相続トラブル

古くからの住宅街などでは、広い土地を代々受け継いだ地主さんが所有する土地に、他人の一軒家が建っているのを見かけることがあります。地主さんが土地の賃貸人、家を建てている他人が土地の賃借人という物件です。40年、50年も前から貸しているため契約書もなく、格安の借地料のまま、更新料もなし、というケースも見かけます。**他人の家が建っている土地は、できるだけ早期に対策を講じる必要があります。**

他人に貸している土地を相続した場合は？

他人に土地を貸すということは、相手に「借地権」(*)を付与するということです。扱った事例の中には、50年以上も前に地主と借主の間で、口約束で地代や更新料を決めていたという

(*)借地権：建物を建てるために、土地の持ち主から土地を借りる権利のこと。ここに家を建てると、土地の所有権は地主が持ち続け、借主は土地の上に建てた建物の所有権と借地権を持つことになります。

土地権利は二重構造。土地を貸すということは、相手に「借地権」を付与するということです。

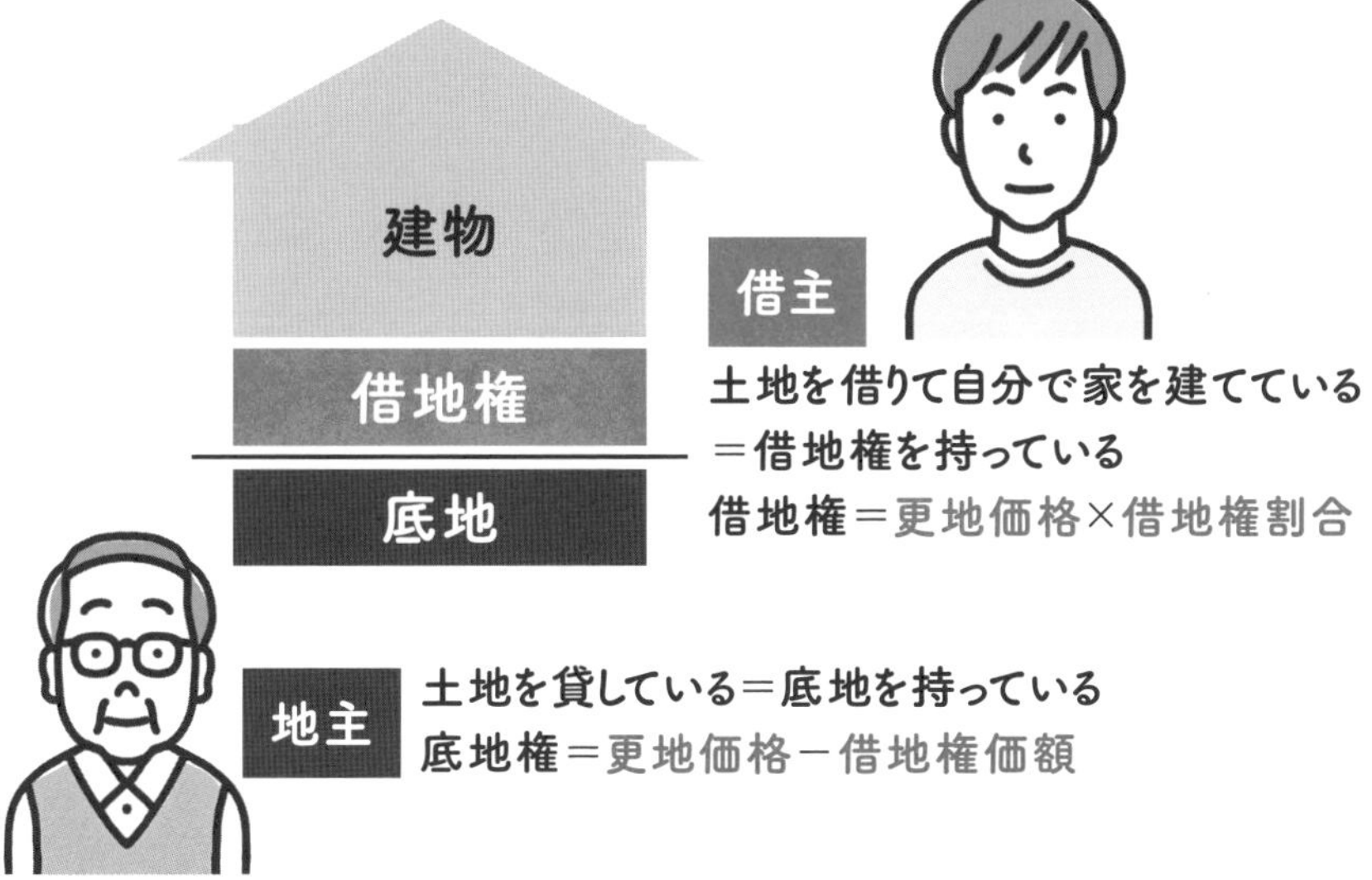

ものもありました。

地主と借主の当人同士が亡くなっていたりすると、権利関係を整理するのも大変です。

土地を貸しているほうからすれば、土地の使用者が亡くなったときに返却してもらいたいと思うものですが、借地権者はすんなりOKするとは思えません。借地権者としては、そこに終生住み続けたいという意思も強いでしょう。しかも、借地権という権利も立派な財産なのです。

逆に、**地主の立場としては、更地価格(*)から借地権価額を差し引いたものが、地主が有する「底地権」となります。**

(*)更地価格：その土地を更地の状態で売却したときの価格。

なお、更地価格に対しての借地権の割合を定めた「借地権割合」は、国税庁が毎年発表する「路線価図・評価倍率表」に表示されていますが、現実の売買ではそれが反映されないこともあります。

ここで問題となるのは、少ない地代しかもらえず、自由に処分することもできない土地であるのに多額の相続税が課されてしまうことです。

私たちは、売却のしづらい底地を所有して、多額の相続税を課せられ、ほかの土地を売却せざるを得なくなった地主さんたちをたくさん見てきました。

土地を借りている立場だったらどうするか？

借りている立場から見ると、土地を借りて建物を建てていれば「借地権」という権利が発生します。借地権は相続財産のひとつであり、使用者が亡くなっても相続人に引き継がれます。

つまり、建物だけではなく、その土地の借地権も相続財産となります。

借地に建物を建てて住んでいた親が亡くなったら、相続人である子どもなどは借地権を相続し、そのまま所有し続けることも可能です。建物については所有権移転登記が必要になります。

ただし、これまでの契約がきちんとなされていなかったがために、地主が借主の相続人に対して突然「権利金数百万円を払え」などと言い出してトラブルになったケースもありました。土地を借りた過去のいきさつを聞いていない例や、新しい世代の貸し手・借り手がお互いの権利を強く主張することで、今後このような例が増えてくると思われます。

底地と借地権が分かれる貸し方・借り方はNG

インターネットなどで「底地・借地権を買います」といった広告を見かけます。底地はもちろん、借地権も条件はつきますが、売買が可能です。

ただし、借地人に貸している土地（底地）は、借地人本人に買い取ってもらうのが最も合理的でしょう。業者に底地を買い取ってもらうよりも、高値で売却できたという例を見かけます。底地買いの業者は、安値の価格を提示する傾向があります。

逆に借地権だけを相続した場合は、底地の購入を土地所有者に持ちかけてみるのがいいでしょう。

借地権を売却をするか、底地を買い取りするか――。土地取引の専門家である不動産鑑定士は「周辺地域の相場などをベースに算出しますが、底地の値段は相場と一致しないケースが多々あります。それは、買う人と売る人の意識の差が大きいからです」といいます。

借地人と地主で60坪の借地権と底地の一部を交換して、30坪ずつの土地に分割して所有するケースも考えられます。

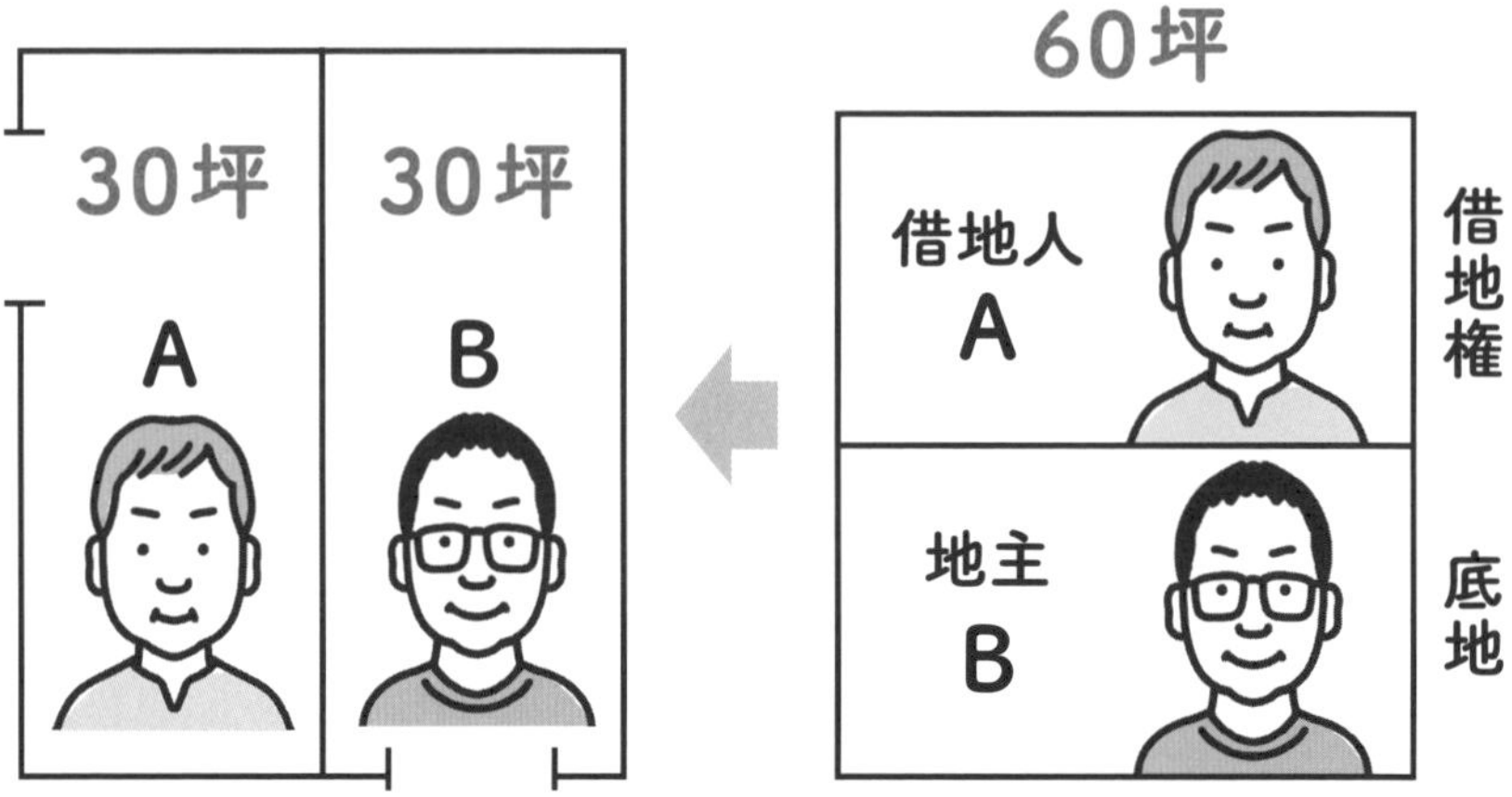

それぞれ30坪ずつの所有に

同じ土地の権利を別々に所有

また、借地権と底地の交換をすることもよい方法です。

たとえば60坪の借地権と底地の一部を交換して、30坪ずつの土地を所有するといったケースです。

底地と借地権に分かれるような貸し方・借り方はできるだけ解消する。相続させるにしても相続するにしても、利害関係が複雑になっている土地・建物の解消が望ましいことはいうまでもありません。

モメない！
8
「空き家になった実家」相続でモメないための秘策

相続で押し付け合いが増えるのは必至

相続について講演をしたり、原稿を依頼された場合、当然のことですが不動産問題に触れます。ただし、不動産の整理は口でいうほど簡単ではありません。とくに解決が難しいのは、離れた場所にある空き家になった実家の処理です。

進学や就職をきっかけに地方の実家を離れ、そのまま実家に戻らない生活を選択する長男長女がいます。その結果、地方の実家は両親だけの2人暮らし。健在なうちはいいのですが、どちらかが亡くなるとひとり暮らしになります。

子どもたちが「こちらにきて一緒に住まないか」と誘っても、残された親は、実家でのひとり暮らしを選びます。やがてひとり暮らしをしていた親が亡くなると、結果的に誰も住まなくなった実家が空き家として残る、というのが多くのパターンです。

相続が発生して慌てて実家を売却しようとしても、容易に売れるものではありません。実家を維持するために交通費をかけて出向き、換気や掃除をしている相続人もいることでしょう。築50年、60年の古い家でも、建物や土地に対する固定資産税(*)の課税は続きます。使用停止状態にしなければ電気やガス、水道料金もかかります。

国は増え続ける空き家対策を強化しています。2024年4月からは、相続した土地・建物について、名義変更を3年以内にすることを義務化しました。義務を怠ると場合によっては、10万円の過料となります。なお、不動産の名義変更は司法書士に依頼することが多く、その報酬負担や登記費用が発生します。

さらに、管理が行き届かず倒壊の恐れがある空き家に対しては、固定資産税が高くなる制度も設けられました。

空き家となった建物を壊そうとすれば数百万円の解体・撤去費用がかかります。油圧ショベルなど重機が入れない家の解体は、人による手作業になるためさらに費用がかかります。

ひとり暮らしを続けていた親が、介護施設などに入居して認知症と診断されると、生前での名義変更の手続きは困難になります。亡くなるまで待つしかない状態が続きます。

大都市圏でも見かけることはありますが、とくに地方では名義変更されていない土地が少な

(*)固定資産税：固定資産（土地や家屋など）を所有している人が、その資産の価額をもとに算定された税額を、その固定資産がある市町村に納める税金。

くありません。相続が発生して調べてみたら、父親ではなく祖父名義だったという例もあるものです。

空き家になった実家をめぐって、相続人の間で押し付け合いが増えることは、容易に想像できます。

農地や山林はどうすればいい？

宅地より売却が困難なのは農地や山林です。田んぼについては、地域の農業法人などが借り受けて米作を手がけ、「賃料＝少量のお米を納入」といった例が少しずつ広まっています。

山林ともなれば、実家を離れて暮らしていた期間が長い相続人にとっては使い道もなければ、売却の目途も立たず、途方に暮れるのではないでしょうか。この先、山林であっても相続から3年以内に名義変更をするのが原則となります。

問題は、境界線が明確になっている山林ばかりではないということです。私もお客様が所有する山林に出向いたことがありますが、境界線をどうやって確定すればいいのかわからず、同行した不動産鑑定士と天を仰いだ経験があります。

2023年4月から「相続土地国庫帰属制度」がスタートしています。相続した土地を国が

相続土地国庫帰属制度の手続きの流れは、次のとおりです。

① 法務局に申請し、申請手数料を納付

↓ 受理

② 法務局が審査（実地調査を実施）

↓ 承認

③ 申請者が負担金を納付（負担金は10年分の管理費相当額）

↓

④ 国庫に帰属

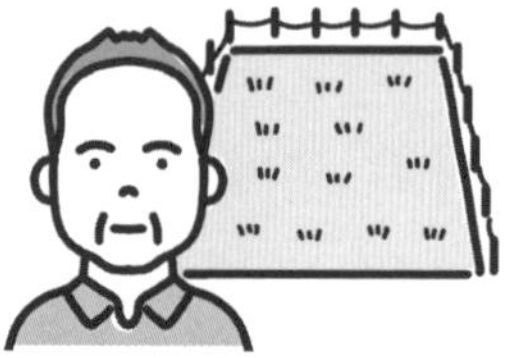

引き取るというものです。宅地だけでなく、農地、山林、別荘地も対象になります。

実務的には「事前相談」→「申請書の提出」→「要件審査」→「承認・負担金の納付」→「国庫帰属」という流れですが、法務省のホームページでは、半年から1年程度はかかるとしています。審査手数料（一筆1万4000円）がかかるほか、仮に承認されたとしても負担金（20万円または面積に応じて算定）の納付が必要です。

相続土地の国庫帰属制度の活用は、対象となるためのハードルは高いといっていいでしょう。宅地であれば建物の撤去が必要です。更地にするための解体費用を捻出しなければならないということです。山林は山林で境界線をハッキリさせなければなりません。そのための時間と費用がかかります。

日本経済が絶頂だったころに、「あの山林を買っておけば、住宅・別荘地の開発にともない高値で売却できて儲かる」といったセールストークで、投資を募る商売が盛んになりました。「原野商法」と呼ばれるものですが、そうした方法で手にした山林の相続は、境界が不明な物件が多く、国庫帰属制度の対象になることは難しいはずです。

今後多くなると予想されるのは、離れて暮らしていた親の相続財産の大部分が、評価額が低い宅地や田畑、林野であったというケースです。その後の手入れが面倒なため、相続放棄をする相続人が増えることは必至です。

以前ならば、相続放棄があれば、相続責任は次順位に回りました。

「本来ならば相続人にならないはずなのに、どうして私が相続人になるの？」

といったようなことでトラブルになるケースが出てくる可能性がありましたが、２０２３年4月から施行された民法改正で、土地の管理にかかわっていなかった相続人には責任が移ることはなくなりました。

相続するか？　処分するか？

私の顧問先の経営者の中にも、両親が亡くなり、空き家になった地方の実家を抱えている方がいます。中には広大な山林を相続している例もあります。このような相続の相談を受けたものの、相続した土地の最終的な整理（処分）がかなわず、名義変更だけで済ませる案件があると、私は税理士としての役割不足を痛感させられます。

正論をいえば、「親の家や土地を相続するのか、処分するのかを早い時期から決めておく」ということに尽きます。しかし実際には、親が生存中は相続問題について、突っ込んだ話し合いはなかなかできないものです。そのため、相続を開始してから慌てて地方にある実家の整理をしようとするのですが、すんなりとことが進むものではありません。

一方で成功例もあります。

ある男性は、亡くなった母親が1人で住んでいた関西地方の雲海で知られる地区にある山奥の一軒家を見事に売ることができました。父親はすでに亡くなっていて、相続人は男性1人だけでした。

男性によると、ひたすら地元の不動産会社を回りつつ、並行して実家の近所の方に声をかけた結果、同じ町内に住む人が購入したというのです。

もう一例を紹介します。

親と離れて暮らす生活を長年続けてきた長男が、父親が亡くなり実家でひとり暮らしになった母親を首都圏近郊の自宅マンションに呼び寄せ、同居することにしました。その際、実家を売却することを決断しました。手続きの依頼先は、全国にネットワークがある大手か、地元の不動産屋か迷ったそうですが、結局、地元の不動産屋に依頼しました。地元の事情に精通していると思ったからだそうです。多少時間がかかり、想定していた価格よりは低かったといいますが、空き家になった実家の整理をすることができました。

税理士として申し上げるなら、実家が地方にあり、自宅のほかに田畑、山林がある場合は、親が生前中に土地の処分について話し合っておくべきです。

しかし、膝を突き合わせて親と本音で相続について話し合う機会は、なかなかないというのが現実でしょう。実際は、相続が開始してからの対応になることが多いはずです。空き家になった実家の売却は、「地元のご近所さん」「地元の不動産屋さん」が頼りになるようです。また、空き家になった実家や山林を親族に贈与して処分した例もあります。

モメない！
9

不動産の共有名義を解消すれば節税できる

共有している相続不動産の売却には全員の合意が不可欠

相続した不動産を、複数の相続人の共有名義にするケースが少なくありません。

たとえば、父親が亡くなったとして、自宅以外に父親が営んでいたアパートやマンション、駐車場といった不動産を、相続人である配偶者や子どもの共有名義にするというものです。

相続人全員の合意でそういう結論になったのでしょうか。分割が難しい不動産は共有にして共同で管理して賃料収入を分ければいい、となったのでしょうか。遺産分割協議が整わなかったため苦肉の策として共有を選択したのかもしれません。それぞれ事情があるでしょう。

結論をいえば、相続不動産の共有は避けるべきです。将来的に相続問題がさらに複雑化するのは見えているからです。

財産を共有するということは、全員の合意がなければ売却などできないということです。

相続不動産はひとり名義にするのがベスト

代々続いている地元の農家で、不安定な農業収入を補うためにマンション経営に乗り出した男性がいました。マンションは、自分が住んでいる近所に建てたものです。3階建てで、部屋数は15室。

その男性が亡くなり、相続手続きを進めることになりました。相続人である妻と子ども2人（兄・妹）の3人の共有名義にし、マンションの家賃収入は3等分にしました。

そんな状況に変化が生じたのは、妹の配偶者の転勤問題でした。妹が兄にマンションの持ち分を買い取ってほしいと言い出したのです。この先、転勤先に居を構えるためにまとまった資金が必要になったというのです。

不動産の共有では、しばしば起こるケースです。人生において、本人の事情だけでなく配偶者の仕事の事情や子どもの学費の工面のために、お金が必要となる状況が多々あります。

この事例では、母親が資金を出して問題を解決しましたが、母親の持ち合わせがなかったら、母親と妹、妹と兄の関係はギクシャクしたことでしょう。

仮に、**共有物件の一部を第三者に売却しようとしても、買い手がつくことはほとんどないはずです。**身内に資金の提供者がいなかったら、財産（マンション）は動かせないままとなったはずです。

相続財産の共有化を避けるのが相続の鉄則

不動産の共有問題がとくに表面化するのは、最初に相続した当人たちが亡くなり、子どもたちの世代になったときです。ときどきは行き違いがあったとしても、最初に相続した兄弟姉妹は、そのたびに相談して合意を形成することもできるでしょう。しかし、それぞれの子どもたち世代となるとそうはいきません。子どもたちが抱えるそれぞれの家庭の事情や考え方も異なるのでしょうから、親族間トラブルが発生することもあるでしょう。名義を一本化するといっても、並大抵のことではありません。

相続財産の共有化はトラブルの種です。可能な限り共有を避けることが相続の大原則です。相続人の誰かひとりが代表して相続し、ほかの相続人には金銭を渡すことで折り合いをつける代償分割(*)という方法もあります。相続不動産が複数あるのであれば、それぞれが単独名義として別個に相続するのもいいでしょう。

(*)代償分割：特定の相続人が分割しにくい不動産などを相続する代わりに、他の相続人に対して金銭などの財産を支払う遺産分割の方法。

不動産の共有問題が表面化するのは、子どもたちの世代になったときです。

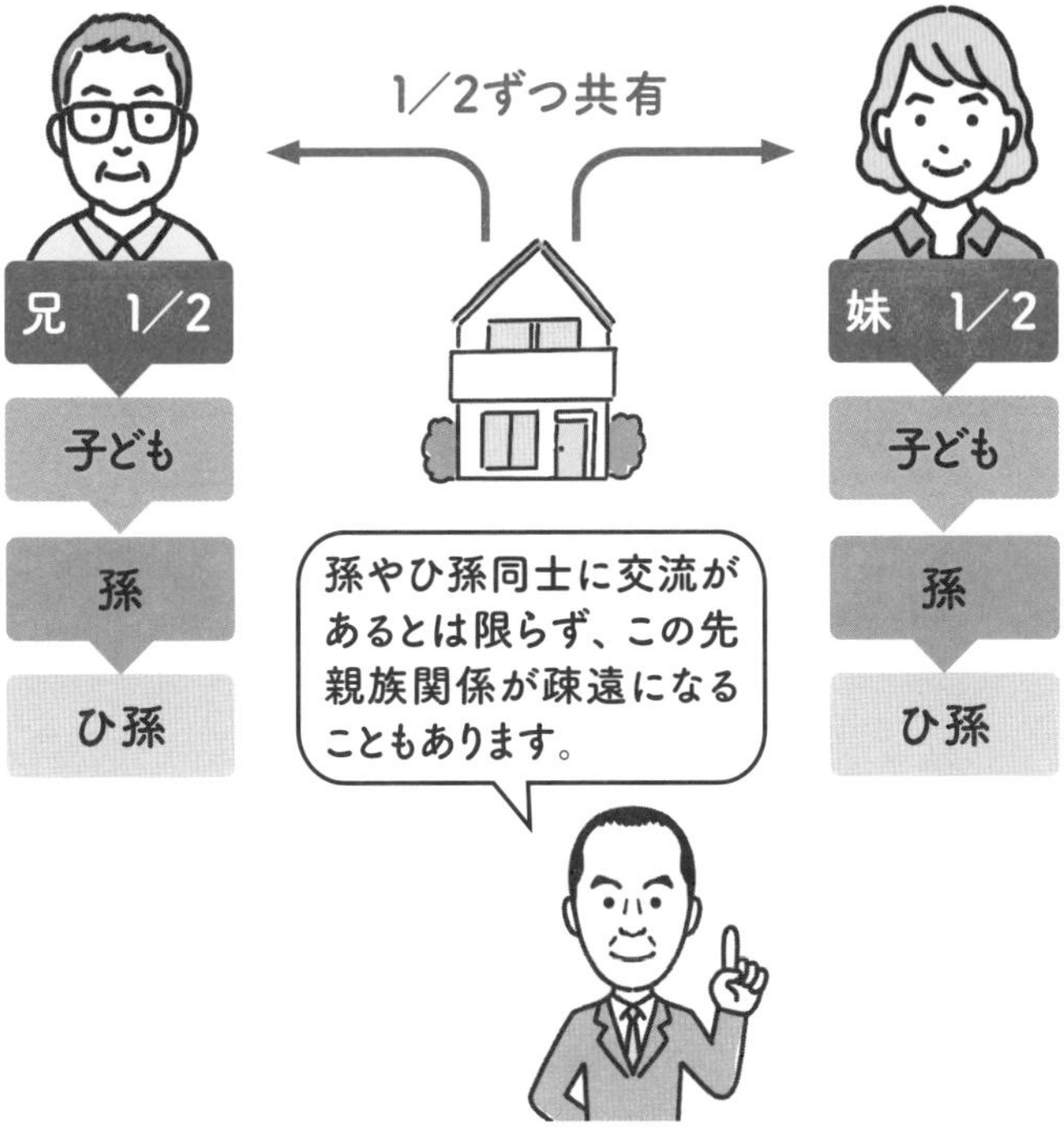

人口減少が進む過疎地の場合は、宅地や山林などが共有名義になっていて共有者が遠方にいる場合も多く、単独名義にするために多くの時間がかかったりします。

一方で、都市部では宅地を含めて、購入時より不動産価格が上がっていることが多く、共有名義を解消するためにモメるケースが見受けられます。

相続した土地は分割の仕方で節税できる

本書のはじめに（6ページ参照）で触れた例をもう一度紹介します。

父が所有していた300㎡の土地に、長男と次男が住んでいました。どちらもまだ単身でした。亡くなった父親の遺言書を確認すると、長男と次男でこの土地を共有するように書かれていました。父としては、自分が亡くなったあとも兄弟2人が仲良く、同じ土地に住み続けられるようにと願ったのでしょう。

これは相続で一番避けたい、不動産の共有名義の典型的な例です。このようなケースでは、**土地を測量・分筆して、長男と次男がそれぞれの土地を相続する**ように私は進言します。

たとえば96ページの図のように、土地を2つに分けた場合で考えてみましょう。

次男の土地は長男の土地よりも奥にあるので、道路に接する通路部分の使い勝手の悪さを考慮に入れ、長男の土地は144㎡、次男の土地は156㎡とします。

長男の土地の相続税評価額は4320万円、次男の土地の相続税評価額は3416万4000円、合計では7736万4000円です。土地の面積は次男のほうが広いのですが、路線価方式を適用すると次男の土地の評価額は長男よりも下がります。

これはあくまでも一例ですが、このように共有名義をやめることで、相続税評価額の合計が共有で相続した場合の9000万円よりも1000万円以上も下がり、ケースによっては相続税をさらに数百万円ほど節税できることがあるのです。

分筆しておけば売却時の税金負担が軽くなる

共有名義を避けることは、相続税の節税以外にもメリットがあります。次男を例に考えてみましょう。

共有しているこの土地を次男が売りたいと考えた場合、長男の合意が必要になります。なぜなら、共有持分というのは土地全体に及ぶからです。長男が手放す気がなければ、次男は土地を勝手に売ることはできません。しかし、それぞれの所有にしておけば長男の合意がなくても、次男は土地を自由に売ることができます。

また、通常、不動産を売ったときの譲渡益（売却によって生まれた利益）には、所得税と住民税あわせて20・315％の税金がかかります。ただし、マイホームとして住んでいた土地を売却した場合には、その譲渡所得から最大3000万円を控除できる制度（居住用財産を譲渡した場合の3000万円の特別控除の特例）があります。つまり、マイホームとして使用していた不動産を売却した場合、売却益3000万円までは、不動産の譲渡にともなう税金がゼ

共有名義だった土地を、
たとえばこのように分筆して分けます。

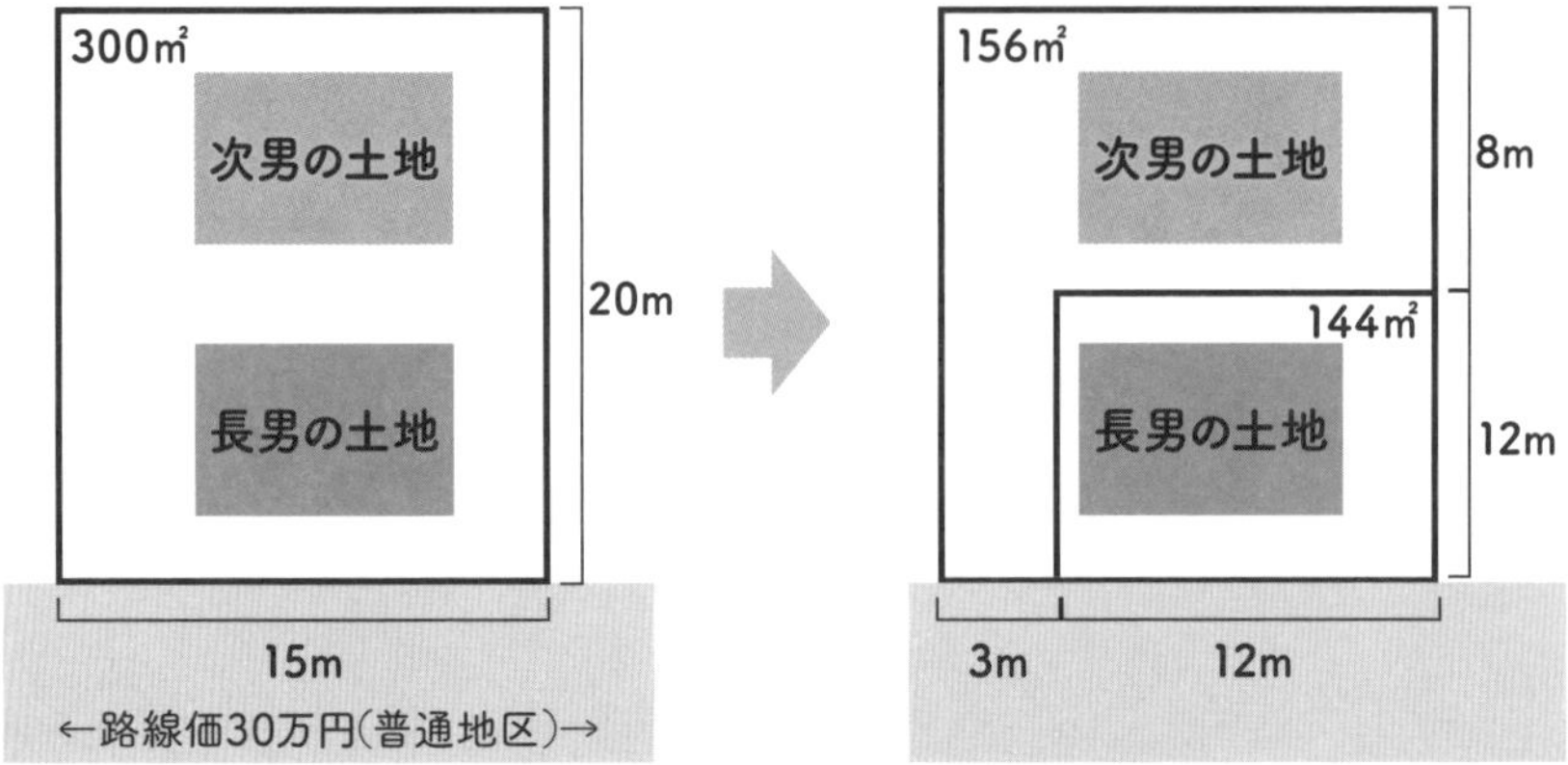

〔土地を分けずに共有名義で相続した場合〕

土地の相続税評価額　9000万円(路線価30万円×300㎡)

〔分筆してそれぞれの土地を相続した場合〕

長男の土地(144㎡)の相続税評価額	4320万円
次男の土地(156㎡)の相続税評価額	3416万4000円
合計	7736万4000円

相続不動産の共有は避けるべき！
相続時に土地を分筆すると、相続税や
土地を売ったときの税金が安くなります。

ロになるというわけです。

しかしながら、この制度は次男自身が住んでいる土地についてのみ適用され、長男が住んでいる部分が適用されないので、譲渡金の金額によっては、3000万円の控除を全額使えなくなる場合があります。

モメない！

10 配偶者を亡くした親が再婚したらどうする？

配偶者を亡くして相続を終えた親が再婚したら

長年連れ添った配偶者を亡くした父親が、なんとか元気を取り戻し、かつてと同じように穏やかな日常生活を営んでいることを確認すると、子どもは安心するものです。配偶者の葬儀も終え、相続についても処理しました。

ところが、事態は急変します。父親が再婚するというのです。いわゆる、熟年再婚です。父親が再婚者と法的な婚姻関係を結んだとします。そうすると、いずれは父親が亡くなり相続が発生します。元々の子ども（実子）は長男と長女の2人。立場的には、父親が再婚しても法定相続人であることに変わりはありません。ただし、法定相続分は、再婚前とは大きく異なってきます。

再婚しなければ、父親の遺産は実子である長男長女に全額相続されるはずでした。長男長女が半分ずつ分け合うとしたら2分の1ずつの相続です。しかし、**父親が再婚したことで、新たな配偶者と分け合うことになります。**再婚相手の法定相続分は2分の1です。実子である長男と長女は4分の1ずつになります。

金額でたとえてみます。遺産が1億円だったとします。父親が再婚しなければ、実子の長男長女は5000万円ずつ相続するはずでした。それが再婚した場合は、再婚相手5000万円、長男長女は2500万円ずつの相続になります。

◆父親が再婚しなければ……

- **長男5000万円**
- **長女5000万円**

◆父親が再婚すると……

- **新しい配偶者5000万円**
- **長男2500万円**
- **長女2500万円**

実子である長男長女は、父親が再婚したことで遺産配分が1／4になります。

親の再婚相手に連れ子がいた場合は……

さらに、父親の再婚相手に子どもがいたとします。いわゆる、連れ子です。原則、再婚相手の子どもは、「再婚相手と元夫」の法定相続人になります。実子である長男長女とは立場が異なります。連れ子は、再婚した父親の法定相続人には該当しません。

問題は、父親が連れ子と養子縁組をした場合です。連れ子2人と養子縁組をすると、相続権が発生します。相続についていえば、実子の長男長女と新しい配偶者の連れ子の立場が同じになります。結果的に、実子である長男長女の相続割合はさらに低くなります。

「新しい配偶者2分の1　子どもたち（実子の長男長女と連れ子）8分の1ずつ」です。

仮に遺産が1億円だった場合、次のようになります。

- 新しい配偶者　5000万円
- 養子縁組したA　1250万円
- 養子縁組したB　1250万円
- 実子の長男　1250万円
- 実子の長女　1250万円

実子である長男長女が当初想定していた遺産配分額が低くなることに納得できれば、問題はありません。ただし、心の底では納得しない気持ちもあるはずです。突然出現した、新しい配偶者の連れ子と同じ扱いに釈然としないのも当然のことです。そうこうするうちに、相続をめぐってトラブルが発生することが予想されます。

遺産分割協議がまとまらなければ、申告時に相続税を減額できる優遇措置の適用ができなくなる可能性が出てきます。

実親に遺言書を書いてもらうのが最善の策！

父親の晩年における再婚は、他人ごとではありません。実子である長男長女は、再婚相手が住むようになった実家に馴染めず、足が遠のくかもしれません。相続問題も出てきます。

ただし、実子の長男長女が選択できる解決策は意外と少ないのが現実です。**配偶者を亡くして再婚を決意した父親に対しては、遺言書を作成してもらう、とくに公正証書遺言とするのが最善の方策です。**また、新しい配偶者の連れ子と養子縁組をしないという確約をとっておくことが必要でしょう。

「配偶者居住権」で解決する方法

「実家の土地は先祖代々の土地なので実子に継がせたい」

「とはいえ、子どもに継がせると再婚した配偶者の住まいが心配」

故人がこのように考えていた場合は、後述する「配偶者居住権（113ページ参照）」という制度を使って解決する方法があります。

配偶者居住権は2020年4月の民法改正にともない新設された制度です。**この配偶者居住権を取得すれば、再婚相手は亡くなった配偶者名義であった自宅に、生涯ずっと住み続けることが可能になりますが、配偶者居住権は保有者の死亡にともない消滅します。**

このケースでいえば、実父の相続の際、遺産分割で実家の所有権は実子が相続しますが、居住権(*)については再婚相手が取得するということになります。再婚相手は実家にそのまま住み続けられますが、本人が亡くなった時点で居住権は消滅します。実子は実家の所有権を持っているので、実家を再婚相手の実子・兄弟姉妹に渡さなくて済む、というわけです。

ただし、配偶者居住権は「自宅だけ」という限定つきです。

そのほかに実の父親が駐車場やアパート・マンションを所有していた場合、対策を講じておかないと、再婚相手が相続することもあります。その再婚相手が亡くなり相続が発生すると、

(*)居住権：家屋に住んでいた人が、その家屋に継続して居住できる権利のこと。借地借家法に基づく「借家権」も居住権に位置付けられます。

「配偶者居住権」は自宅だけ。所有権は実子が相続し、居住権を残された再婚相手が相続する。

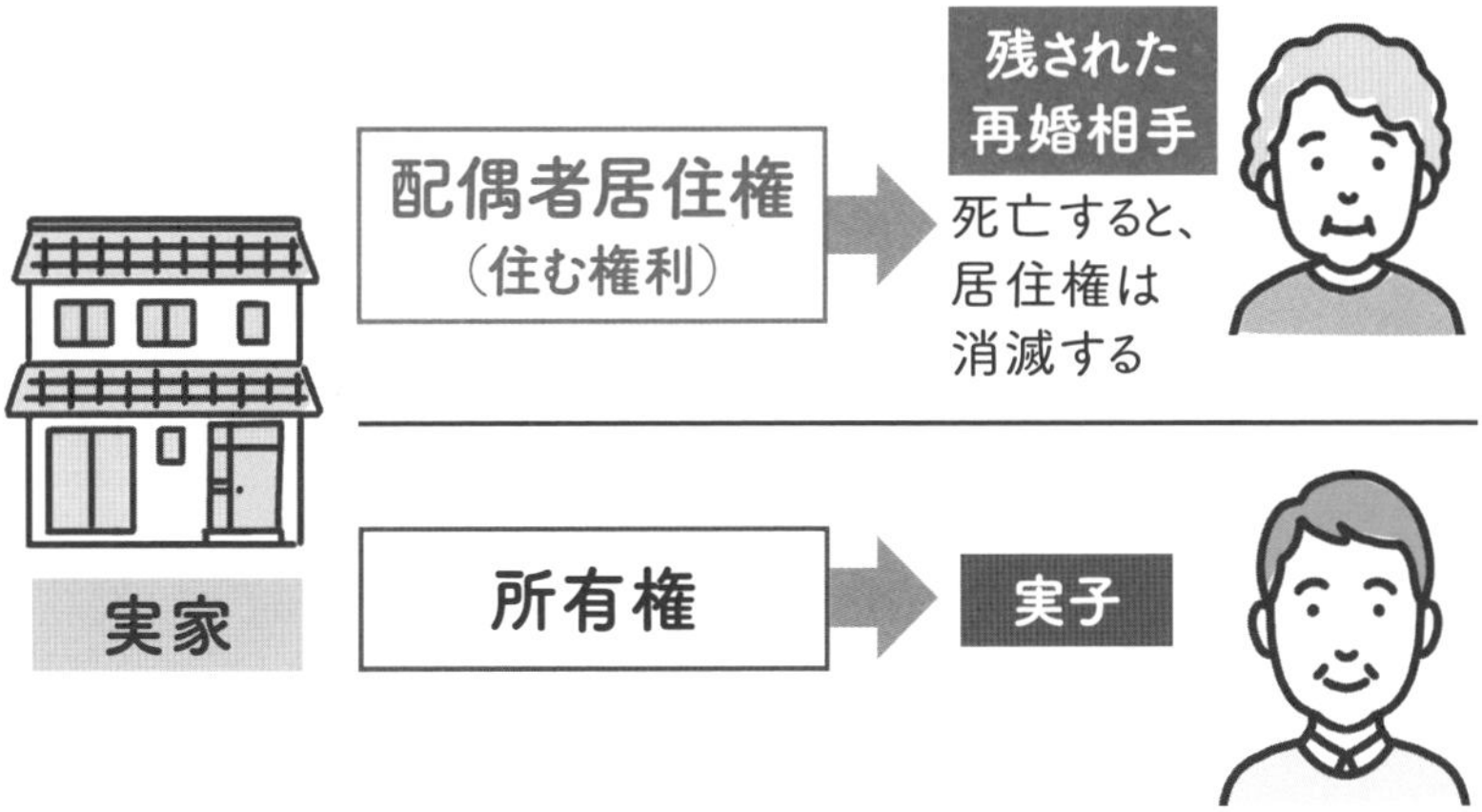
実家
配偶者居住権
（住む権利）
残された
再婚相手
死亡すると、
居住権は
消滅する
所有権
実子

実子は実家の所有権を持っているので、実家を再婚相手の子どもや兄弟姉妹に渡さなくて済みます。

再婚相手側の親族に相続権が移ってしまう可能性もあります。

父親が再婚しなければ、実子である長男長女は、駐車場やアパート・マンションもすべて相続できるはずだったのです。つまり、配偶者居住権の設定だけでは不十分ということです。**実子である長男長女が再婚した父の財産をきちんと引き継ぐためには、親に遺言書を作成してもらうのが最善の策です。**

トクする!

第3章

トクする相続

トクする!

1

2次相続まで視野に入れ相続税を低く抑える

配偶者の税額軽減が裏目に出るケースもある

夫が亡くなった場合、残された妻（配偶者）には、相続税における優遇措置が用意されています。24ページでも説明した**「配偶者の税額軽減」**です。

配偶者の税額軽減は「相続財産が1億6000万円まで、もしくは法定相続分である2分の1以内であれば相続税が0円」というものです。さらに、相続財産が1億6000万円を超えても法定相続分以内であれば、相続税は0円です。

仮に、相続財産が5億円、法定相続人が配偶者と子ども1人だったとします。この場合、配偶者の法定相続分（2分の1）にあたる、2億5000万円までは相続税が0円ということになります。

配偶者の税額軽減は相続税における頼もしい存在ですが、次のような場合は逆に税額を増加させてしまうこともあり、慎重に適用することが大切です。

配偶者の税額軽減は2次相続まで視野に入れる

子ども1人の3人家族で、父親が亡くなり多額の相続財産があった場合に、母親（配偶者）に法定相続分を相続させて相続税を一番低く抑えようとする話をよく聞きます。ところがそのあと、母親が亡くなったとき、次の相続人である子どもにはこのような税額軽減がありません。母親の遺産に課せられる相続税が多額となってしまうので、2回の相続トータルで考えると、相続税の合計がかえって高くなってしまうのです。

親の一方が亡くなった場合を「1次相続」、そのあとに配偶者が亡くなった場合を「2次相続」といいます。**全体の相続税を低く抑えようとするならば、2次相続も視野に入れて考える必要があるのです。**

相続税申告を依頼する税理士事務所には「1次2次相続税額試算表」といったものの作成を求めてみるといいでしょう。細かい条件はさておき、1次2次相続合計の税額の傾向が見えてくるはずです。

1次2次相続税額を試算すると、
相続税全体の傾向が見えてくる。

1次2次相続税額試算グラフ

配偶者と子ども2人のケースで試算しています。

1次相続で相続財産100%を母親に分割すると、2次相続を含めて最も税額が高くなります。

15%だとトータルの税額が低くなります。

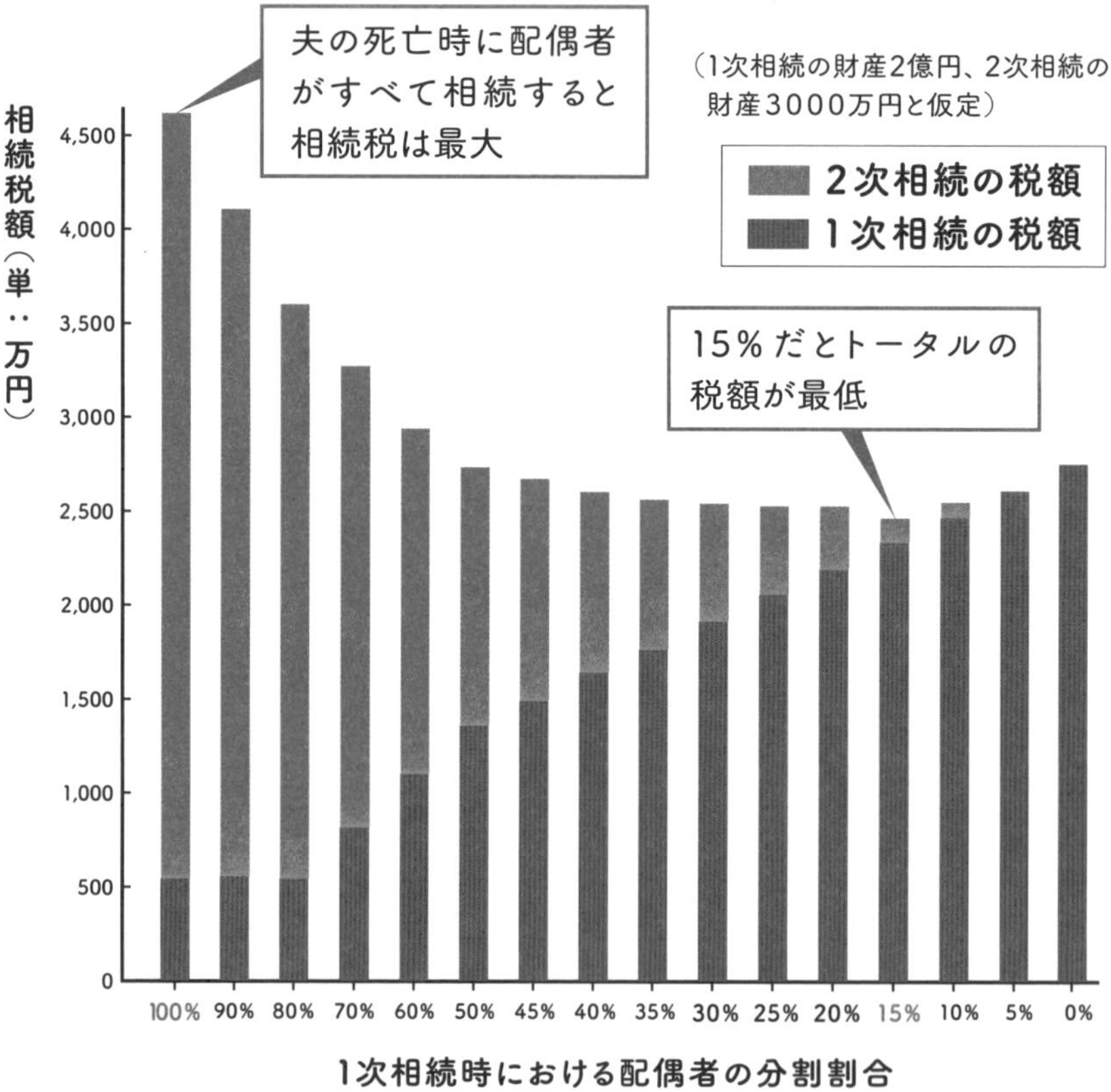

私の事務所でも試算表のほか右ページのようなグラフを作成して、相続税申告依頼人に提示しています。

たとえば、父が亡くなり、相続人が母と子ども2人だったとし、父の財産が2億円、母の財産が3000万円だったとします。

このケースでは1次相続で配偶者が1億6000万円の財産（父の財産の80％）を相続すると、配偶者の税額軽減を最大限に使うことができます。しかし、グラフを見るとトータルの相続税が最も低くなるのは、15％の2475万円です。

相続税の計算のポイント

皆さんが気になるであろう相続税額の算出方法を説明しておきます。ざっくりいえば、3つのステップを踏みます。

①相続した財産や債務を定められた基準に従って評価するなど、課税価格（相続税の対象となる金額）を求めます。その課税価格が、基礎控除額（21ページ参照）を下回ったら相続税はかかりません。上回った場合にだけ相続税が発生します。ちなみに、課税価格の算出は税理士事務所の力量が問われるところです。

②課税価格から基礎控除額を差し引いた額を法定相続分で分けたと仮定して、全体にかかる相続税額を算出します。

以下の計算式と速算表を用いて、相続税総額のベースになる金額を算出します。

遺産総額　＋　みなし相続財産（生命保険など）
＋　生前贈与の一部

－　葬儀費用　＋　債務

＝　課税価格の合計（正味の遺産額）

－　法定相続人に応じた基礎控除額

＝　課税遺産総額

※これを法定相続分で分けるとして計算した金額が、各人の「法定相続分に応ずる取得金額」となります。

●相続税の速算表

法定相続分に応ずる取得金額	税率	控除額
1000万円以下	10%	0
3000万円以下	15%	50万円
5000万円以下	20%	200万円
1億円以下	30%	700万円
2億円以下	40%	1700万円
3億円以下	45%	2700万円
6億円以下	50%	4200万円
6億円超	55%	7200万円

★たとえば、取得金額が4000万円の場合
4000万円×20%（税率）－200万円（控除額）＝600万円（相続税額）

各人の取得金額を求めたら、「相続税の速算表」の税率をかけ、控除額を差し引きます。この速算表で計算した法定相続人ごとの税額を合計したものが相続税の総額になります。

相続税を計算してみましょう。

●相続人：妻、子どもA、子どもB
●課税価格の合計：1億8000万円
●基礎控除：4800万円
●差し引き後：1億3200万円

1）法定相続分による割合で分けるとして計算するのが基本

・妻　1億3200万円×1／2（法定相続分）＝6600万円
・子どもA　1億3200万円×1／4（法定相続分）＝3300万円
・子どもB　1億3200万円×1／4（法定相続分）＝3300万円

2）相続税の総額を算出（法定相続分×税率－控除額）

・妻　6600万円×0.3－700万円＝1280万円
・子どもA　3300万円×0.2－200万円＝460万円
・子どもB　3300万円×0.2－200万円＝460万円

相続税の総額は合計して2200万円

3）相続割合に応じてそれぞれの納付税額を計算

・妻　2200万円×1／2＝1100万円→配偶者の税額軽減により0円
・子どもA　2200万円×1／4＝550万円
・子どもB　2200万円×1／4＝550万円

実際の納税額

③相続税額を基準に、法定相続人が受け取る配分（相続割合）に応じて、各人にかかる納税額を算出します。

たとえば、法定相続人は妻と子どもA、子どもBの3人。課税価格は1億8000万円だったとします。そこからこの場合の基礎控除の4800万円を差し引いた、1億3200万円をベースに実際の相続税を計算します。

この1億3200万円を法定相続分に従って配分したとして、それぞれの相続税を計算し、合計額を求めます。106ページの算出方法にのっとると、相続税額は妻1280万円、子ども1人あたり460万円×2人、トータル2200万円です。

これがただちに各人の相続税に該当するわけではありません。最終的にはそれぞれの相続割合に応じて、各人の相続税額を求めることになります。

法定相続分による割合で分けたとして、配偶者2分の1、子どもはそれぞれ4分の1ずつを相続したとします。相続税額は配偶者1100万円、AとBはそれぞれ550万円ということになります。この場合、配偶者は法定相続分の2分の1以内なので、配偶者の税額軽減により相続税は0円です。

なお、107ページで説明したように、**1次相続・2次相続をシミュレーションした上でそれぞれの相続割合を決定することが重要です。**

トクする！
2 残された配偶者は一緒に暮らしていた家に住める

2020年に新設された「配偶者居住権」

相続財産は、現金や預貯金、債券、上場会社の株式だけではありません。「配偶者居住権」も含まれるようになりました。聞き慣れないのも当然のことで、2020年に新設されたものです。

もちろん、国が相続人にプレゼントしてくれたものではありません。種を明かせば、建物（持ち家）を所有権と配偶者居住権の2つに分けただけのことです。それまでは所有権だけでしたが、配偶者居住権もお付けします、としたわけです。建物に限った話なので、土地には配偶者居住権は及びません。

この配偶者居住権が新設されたことで、残された配偶者は故人と一緒に暮らしていた家に住める権利を得ることになります。もちろん夫に先立たれた妻だけでなく、妻に先立たれた夫にも与えられます。

ただし、亡くなった人が所有していた建物に、その時点で一緒に居住していたことが条件です。別居していた場合は認められません。

配偶者居住権を取得すれば、自分が死亡するまで無償で、住み続けることができます。

たとえば、父親が亡くなって相続が発生したとしましょう。法定相続人は配偶者（母親）と子どもですが、その関係がギクシャクしていたとします。相続の結果、建物の所有権や土地は、子どものものになるかもしれません。その場合でも、配偶者居住権を取得すれば配偶者は住んでいた建物に住み続けることが可能です。

登記をすれば、第三者に対しての対抗が可能！

この制度は、夫や妻に先立たれた配偶者がその後も住居を維持できるようにとの考えから、つくられたものといっていいでしょう。

相続財産が建物・土地だけで評価額が５０００万円だったとします。これを配偶者と長男で分けるとしましょう。法定相続による配分は、配偶者2分の1、長男2分の1。つまり、配偶

建物を所有権と配偶者居住権の2つに分けた「配偶者居住権」

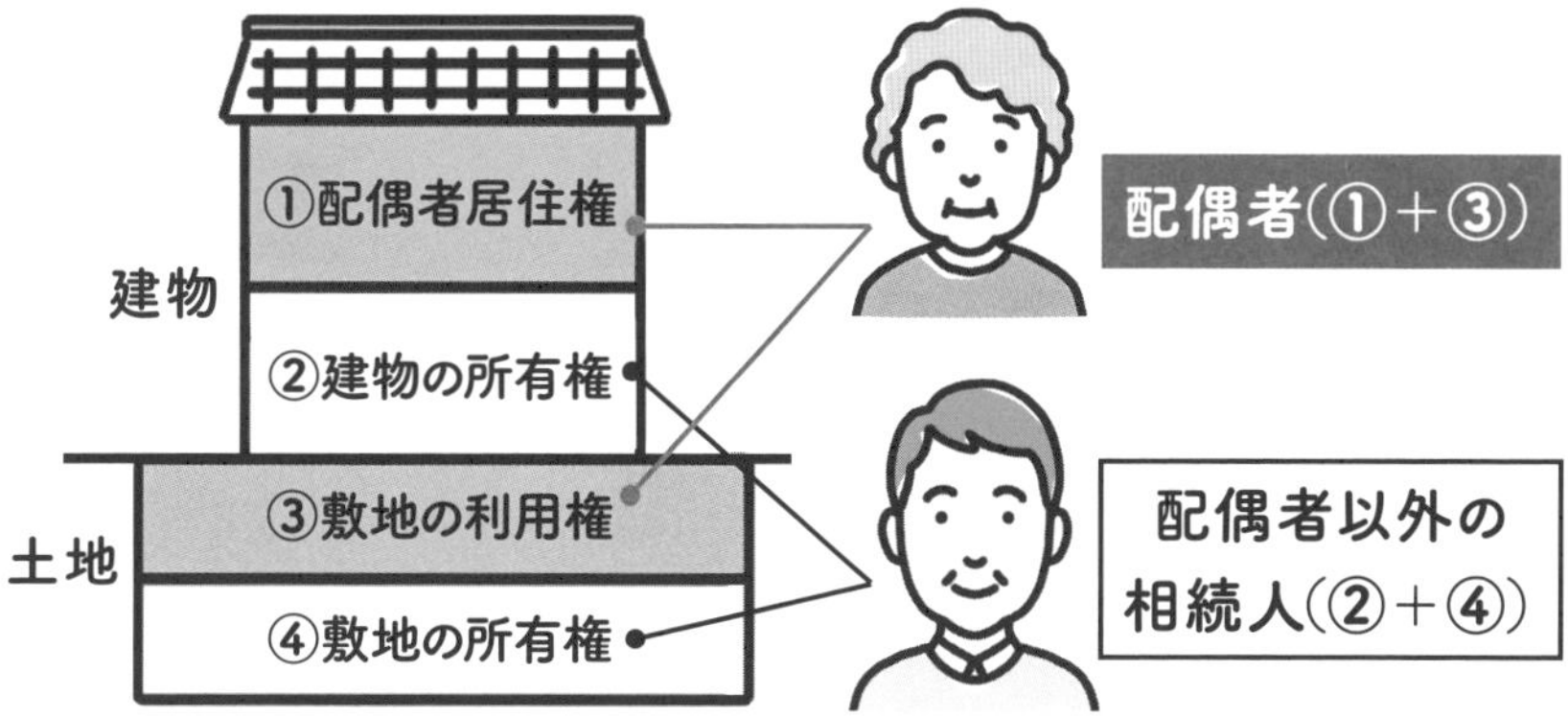

者2500万円、長男2500万円です。

もし、長男が「相続財産の取り分2500万円を用意してほしい」と母親に申し入れた場合、母親に貯えがなければ、建物・土地を売却して長男と2500万円ずつ分けるしか手立てはありません。そんな事態を避けようというのが、配偶者居住権の創設の目的です。

配偶者居住権は、建物についてのみ登記が可能です。**登記をすれば第三者に対して対抗が可能になります。**

配偶者居住権は、家族に相続したり、第三者に譲渡したり売却したりできません。

配偶者居住権を活用して住居に住み続けていた妻（もしくは夫）が亡くなり、新たな相続が発生した場合は、配偶者居住権は自然に消滅し、所有権者が引き継ぐことになります。

配偶者居住権の評価額は、住み続けた年数や建物の残りの耐用年数などをもとに算出します。

また、配偶者が亡くなったときに同居していなかったケースなど、配偶者居住権が獲得できない場合は、新たに設けられた「配偶者短期居住権」を利用できます。概ね、相続開始から6か月間は無償で、それまで住んでいた住居に住み続けることができるというものです。配偶者居住権に比べると限定的な権利です。

トクする!
3

即効性のある節税は養子縁組をすること

養子縁組で遺産600万円を圧縮できる

相続税軽減に利用できる制度のひとつが養子縁組です。

第1章で触れていますが、相続税における基礎控除額は次の計算式で求められます。

基礎控除額 = 3000万円 + 600万円 × 法定相続人の人数

つまり、養子縁組によって法定相続人が1人増えることで、遺産総額から600万円を無条件で差し引くことができるのです。

養子は実子と同じように法定相続人となるために、実子と同様に財産を相続できるのです。

実際に、相続税対策として孫や子どもの配偶者を養子にするケースもあります。

この制度を利用することで基礎控除額を増やせる一方で、もともと法定相続人だった人の相続分が減ってしまうといったデメリットが出てくるケースもあることでしょう。それらを認識した上で、利用するかどうかを判断すべきです。

養子縁組のメリットとは？

このように養子縁組が、相続税対策になることは明らかです。**法定相続人が1人増えることで、相続税の基礎控除額が増えます。**相続財産から差し引ける額が600万円増えることで「課税→非課税」になることもあり得るでしょう。

たとえば、法定相続人が2人だけなら基礎控除額は「3000万円＋600万円×2人＝4200万円」ですが、養子縁組で1人増えれば「3000万円＋600万円×3人＝4800万円」となります。単純計算ですが、仮に相続税の課税対象となる課税価格が4500万円だったとしたら、相続税はかからないことになります。

ただし、相続税法上対象になる養子の人数も定められています。本来の法定相続人に子どもがいる場合は1人、子どもがいない場合は2人までです。なお、民法では何人でも認められています。

さらに、相続税が課税される場合の税額計算の元となる税率（現在は10～55％）が下がってくる可能性もあります。

たとえば、相続財産3億円を子ども2人で相続した場合、相続税額は6920万円となります。これに対して、子どもが2人で養子が1人の場合は、相続税額が5460万円となります。つまり、たった1人の養子を増やすだけで、1460万円もの税額が軽減されるのです。

ただし、養子になった孫が財産を取得する場合は、相続税2割増の対象になります。

市区町村の役所に養子縁組届を提出するだけ

養子縁組には「普通養子縁組」と「特別養子縁組」があります。


普通養子縁組は、養子縁組届を市区町村の役所に提出することで行うことができます。養親になる人や養子になる人の戸籍謄本や養子縁組に対する配偶者の同意書などを求められますが、手続きそのものは難しくありません。

相続税対策で用いられる普通養子縁組であれば、元々の親の遺産も相続することができます。一方、特別養子縁組は元々の親との法的関係を断ち切るというもので、こちらを選択した場合は、実の父母からの遺産相続はなくなります。そもそも特別養子縁組は、なんらかの事情で生みの親が育てることができない子どもを、育ての親に託すための制度といえます。家庭裁判所の審判を経て、戸籍上も親子となることができます。

養子縁組の例

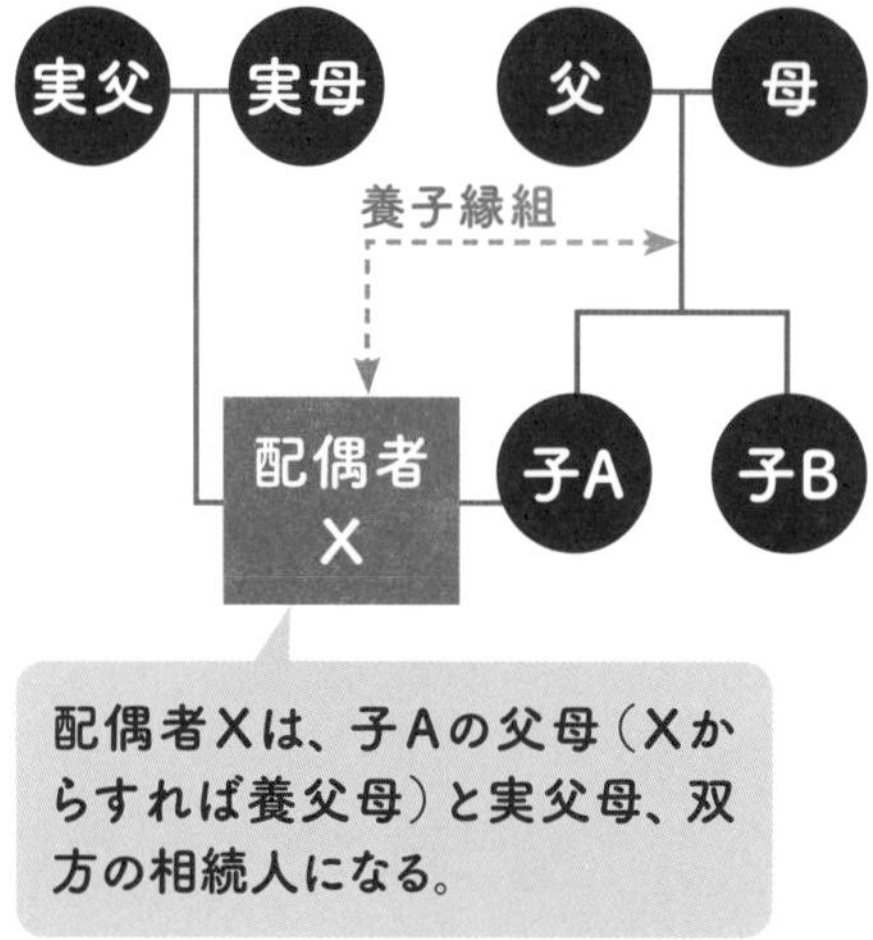

実父
実母
父
母
養子縁組
配偶者X
子A
子B
配偶者Xは、子Aの父母（Xからすれば養父母）と実父母、双方の相続人になる。

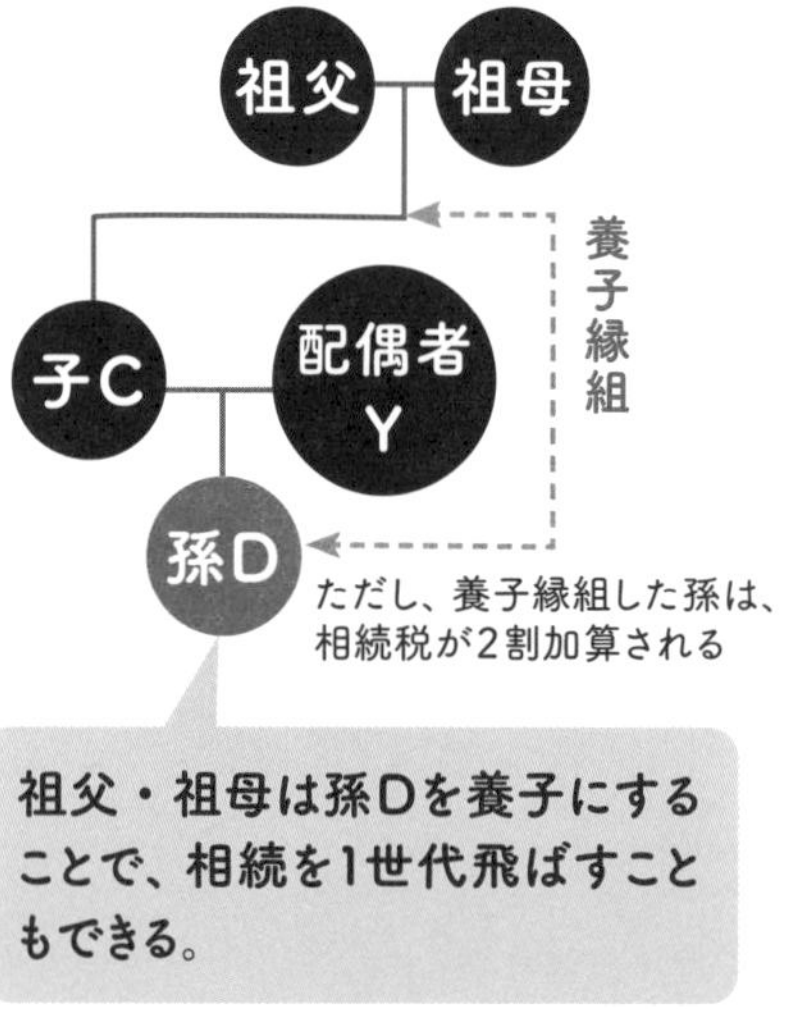

祖父
祖母
養子縁組
子C
配偶者Y
孫D
ただし、養子縁組した孫は、相続税が2割加算される
祖父・祖母は孫Dを養子にすることで、相続を1世代飛ばすこともできる。

トクする！

4 相続税が節約できる 生命保険の活用法

生命保険は遺産分割協議の対象外？

生命保険会社の受付フロアには、相続に関するパンフレットが用意されています。内容はいうまでもありません。生命保険への加入が相続対策になることをアピールしています。死亡にともなって支払われる生命保険、いわゆる死亡保険金は、受取人を配偶者や子どもにしているのが一般的です。その場合、死亡保険金は相続財産に含まれ、相続税の対象になるのでしょうか。

生命保険会社のパンフレットでは「遺産分割協議の対象外」と説明しているケースが多いようです。あいまいな表現ですが、受取人固有の財産になるということをいいたいわけです。

実際には、**死亡にともなって支払われる保険金は、「みなし相続財産」という扱いで相続財

産に含まれます。指名受取人の財産として帰属するのですが、相続税では預貯金などと同じように相続財産としての扱いとなります。「みなし相続財産」というだけに、生命保険は異質な財産といえるかもしれません。

生命保険は即効性のある節税対策

生命保険は、非課税枠があるため、最も手っ取り早い節税対策です。

生命保険には、相続税における非課税枠（法定相続人1人あたり500万円）が設けられています。

たとえば、5000万円の死亡保険金が出たとします。配偶者と子ども2人が法定相続人の場合、「500万円×3人＝1500万円」が減額されます。つまり、5000万円の死亡保険は、相続財産としては3500万円の評価になります。

生命保険には非課税枠のほかに、被相続人が残した借金が多くて相続を放棄（43ページ参照）した場合でも、受取人は保険金を受け取れるというメリットもあります。

また、保険金は現金による支払いであることから、相続税の納税資金にあてることができるなど、円満な遺産分割に役立つケースが多いといえるでしょう。私の事務所でも、死亡保険金が支払われてそれを納税資金にあてることができ、ほっとしている人をたくさん見てきました。

〔生命保険のメリット〕

①非課税枠があるため相続税の節税対策になる

②受取人指定ができる（相続放棄しても、指定受取人は保険金を受け取ることができる）

③キャッシュでの支払いのため、納税資金に充当できる

保険金の支払者や受取人をチェックする

近年、保険金にまつわる犯罪が多くなっていることから、死亡保険の受取人を法定相続人に限定するようになってきています。ただし、保険会社によっては、同居の事実などに基づき、事実婚の相手や婚約者などを受取人にすることも可能です。**受取人指定をすることで、介護や身の回りの世話をしてくれた人などに、保険金を渡すことができます。**

ただし、法定相続人以外の人が死亡保険金を受け取った場合は、非課税枠の適用はありません。よかれと思って孫を受取人にすることもあるでしょう。その場合、相続税の２割が上乗せされます。

父の死亡保険金の受取人が子どもで、母親が保険料を負担していたとすれば、贈与税の対象になります。母親が保険料を負担し、母親自身が受取人である場合は、所得税の対象になります。

相続税の対象になるのは、左ページの図に示したように、被保険者と保険料の負担者が同一であった場合です。

保険会社の営業担当者は、必ずしも相続税対策に通じているとは限りません。いざ相続となった際に、余計な税金問題に巻き込まれないように、「保険金の支払者や受取人」について保険加入時にしっかりとチェックする必要があります。

また、死亡保険の受取人は配偶者としているケースが大部分ですが、配偶者には、1億6000万円までは相続税が非課税になる軽減措置が用意されています。

とはいえ、2次相続や将来のことなどを考えると、それなりの年齢になったら受取名義人を「配偶者→子ども」に切り替えるのもいいでしょう。

保険料の負担者・被保険者・保険受取人によって、支払う税金の種類が変わります。

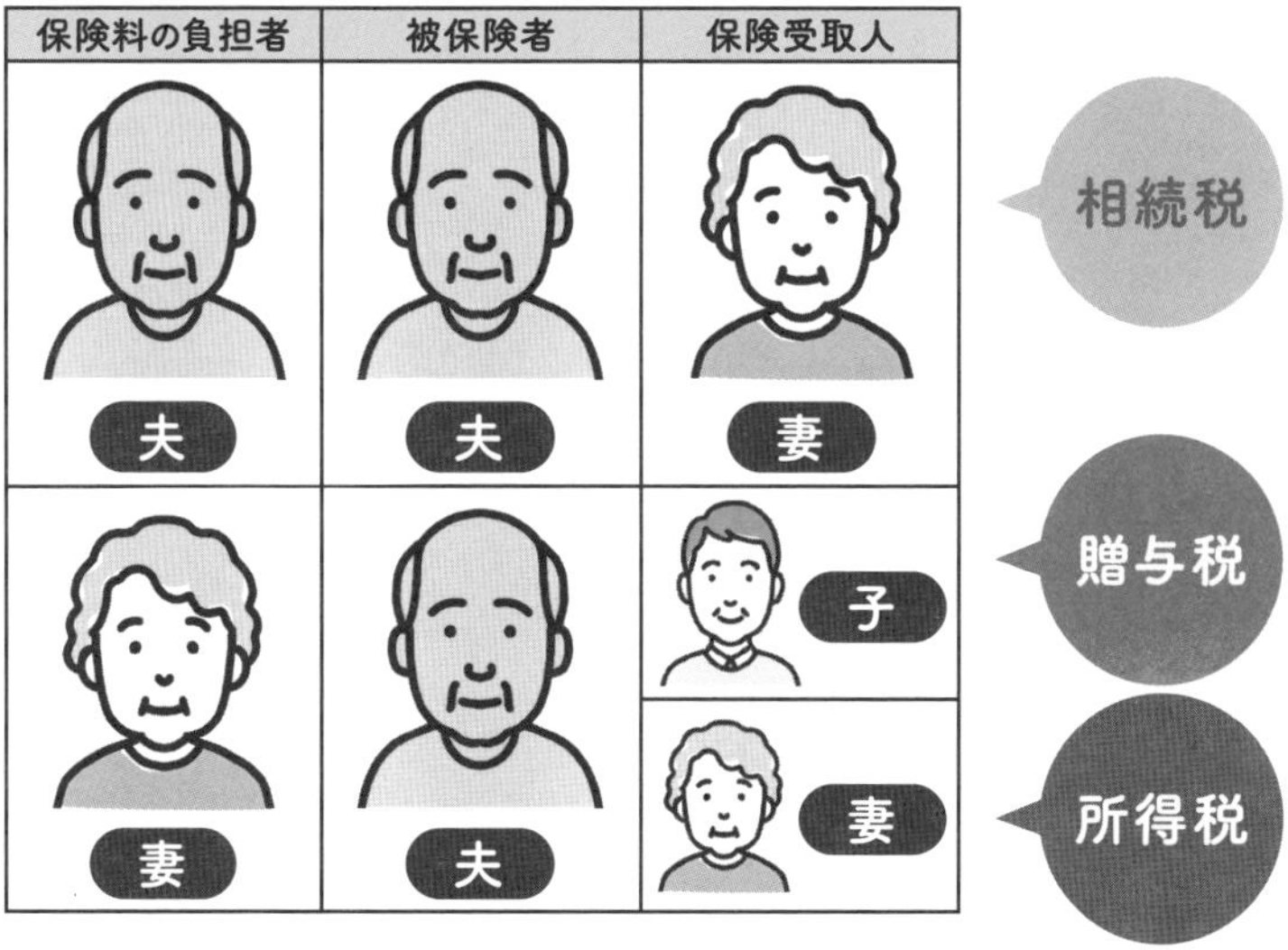

トクする！ 5

義理の親を世話してきた「長男の嫁」問題を解決

相続に影響する介護の問題

介護は深刻かつ根深い問題です。「介護はプロに任せなさい」といわれますが、家族の負担も並大抵ではありません。**介護問題の複雑なところは、相続にも影響してくることです。**

3姉妹がいました。父親が亡くなって10年以上経過していますが、やがて母親も介護が必要になり、数年後に亡くなりました。基本的には、自宅での介護でした。

「誰が介護をしてきたと思っているの？　その分を相続で上乗せして！」

母親の最後を看取った独身の長女は相続の際にこう主張しました。

結婚して実家を離れている次女と三女は、「私たちもできる限り実家に通って母親の面倒を最期までみたのだから、相続財産は仲良く3等分するのが当然」と言い張ります。

こうなるとなかなか収拾がつくものではありません。これといった解決方法がない、というのが現実です。粘り強く解決策を見出すしかありません。

このケースでは、現金や預貯金、上場株式は3等分し、収入が見込める土地を含め不動産のすべてを介護してきた長女が相続する、ということで決着しました。

「長男の嫁」「次男の嫁」の寄与分は？

介護をめぐる親族間の相続争い以上に深刻なのが、いわゆる〝長男の嫁問題〟です。

長男の親と同居し、実際に介護した長男の配偶者は法定相続人にあたらないため、金銭的に報われません。 母親と同居していたのが次男や三男の配偶者についても同様です。

実子の配偶者は相続人に該当しないからです。献身的に介護などをしたとしても、法定相続人でなければ遺産を受け取ることはできません。

ただし、民法においては、仮に介護を献身的に担った人や家業を無給で手伝ってきた人が長男の配偶者であれば、長男に「寄与分」を主張できる制度はあります。

法定相続の規定では、3兄弟なら3分の1の割合となっています。

この寄与分を加味すると、その割合が変わってきます。

たとえば「配偶者の寄与分を認めて長男は2分の1、次男と三男は4分の1ずつにする」といった解決案が挙げられますが、なかなか全員の合意が得られるものではありません。配偶者の寄与分が実際に認められるケースは、これまでほとんどありませんでした。

法律改正で新設された「特別寄与料」制度

2019年7月の民法改正で、「特別寄与料」という制度が設けられ、相続人以外の親族が寄与に相当する金銭を請求できるようになりました。

特別寄与料は、相続人以外の人を対象に、亡くなった人への介護や看病などの貢献を考慮するために、新たに創設された制度です。無償で義理の親の家業などをサポートしたなど、財産の維持・増加に寄与したと認められる場合も請求が可能です。

特別寄与料には具体的な金額の決まりはありません。当事者間の話し合いが基本になります。介護や看護の期間、遺産総額なども参考にして金額を決めることになります。

問題は受け取り方、つまりは請求先です。まずは相続人に申し出て、まとまらない場合は家庭裁判所に申し出ることとなります。

ただし、特別寄与者が相続の開始及び相続人を知ったときから6か月を経過したとき、または相続開始から1年を経過してしまった場合は、家庭裁判所に対して協議に代わる処分を請求できなくなるので注意が必要です。

特別寄与の要件は、以下の通りです。

①親族であること（6親等内の血族(＊1)又は3親等内の姻族(＊1)）

②相続人ではないこと（相続人、相続の放棄をした者または欠格事由に該当し、あるいは廃除(＊2)によってその相続権を失った者ではないこと）

③無償の労務提供であること（療養看護、財産の維持または増加についての特別寄与等）

たとえば、長男の配偶者が義理の親の介護に寄与した場合には、自分の夫を含めて相続人それぞれに対し請求ができます。特別寄与料が600万円と算出され、相続人が3人とすれば各人から200万円ずつ受け取るケースもあるということです。

「特別寄与料」の税金は？

特別寄与者が特別寄与料を受け取ったときは、亡くなった人から遺贈（相続の一種）を受け

(＊1) 血族・姻族：親族の分類。血縁のつながりがある人を「血族」、配偶者と血縁関係のある人を「姻族」といいます。ただし、養子は血のつながりがなくても血族になります。

(＊2) 相続人の廃除：相続人が被相続人に対して虐待や非行などの行為があった場合、被相続人が家庭裁判所に請求することによって相続権をはく奪する制度です。

義親の介護をしていた配偶者は、
相続人に対して特別寄与料を請求できます。

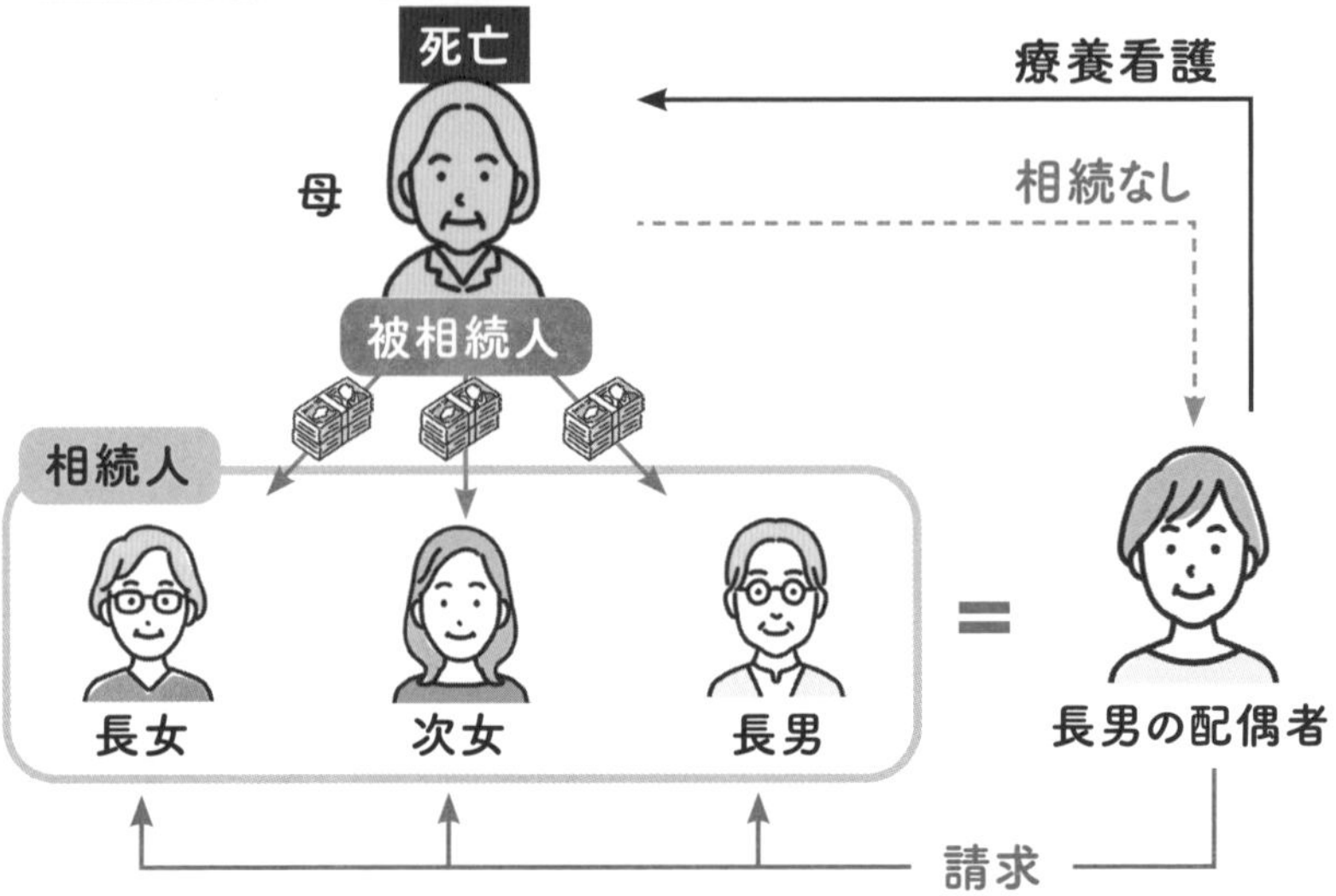

たとみなされますので、相続税の課税対象になります。相続税の課税対象となるとともに、被相続人の一親等の血族及び配偶者以外となることから、相続税額の2割加算の適用対象となります。

その相続税の申告期限は、特別寄与料の額が決まったことを知った日の翌日から10か月以内です。

なお、特別寄与料を支払った相続人は、被相続人から取得した相続財産の価格から特別寄与料を控除した価格が相続税の課税価格になります。特別寄与料の額が決まった日の翌日から4か月以内に更正の請求（182ページ参照）をすることで還付（＊）を受けられます。

（＊）還付：いったん納付した税金が納税者に返還されること。

生前贈与

4

相続税対策の決め手は生前贈与

生前贈与

1

子や孫への生前贈与は節税効果が高い暦年贈与がトク

相続税対策の三原則

できるだけ相続税の負担を軽くしたい、とは誰もが思うことです。つまりは、相続税対策です。大きくは、「相続財産の評価を下げる」「制度を活用する」「相続財産を減らす」の３つを組み合わせることになります。

・**相続財産の評価を下げる**　現預金を不動産や保険に換える

・**制度を活用する**　控除制度などの活用（配偶者の税額軽減、養子縁組、生命保険の非課税枠、小規模宅地等の特例など）

・**相続財産を減らす**　生前贈与制度の活用

この中で使い勝手がいいのは、生前贈与(*)です。**損をするリスクがない、計画的に相続財産を減らして次世代に財産を移行するといったメリットにおいて、私たち税理士が最もお勧めする方法です。**

暦年贈与は簡単かつ効果の高い節税対策

国は生前贈与としていくつかの制度を用意しています。最もポピュラーなのは「暦年贈与」です。相続税対策の王道ともいえるものです。**長期間にわたって暦年贈与を行うことで、大きな節税効果が期待できます。**

子どもや孫に生前贈与をするとして1人当たり年額110万円までは贈与税が非課税となります。たとえば、子ども2人と孫3人の計5人に毎年110万円ずつ、10年間暦年贈与を続けると、単純計算で相続財産を5500万円(110万円×5人×10年間)の相続財産を圧縮できることになります。

110万円と決めなくても80万円や90万円の年もあっても構いません。贈与税がかかりますが、110万円をオーバーしても構いません。

(*)生前贈与:被相続人が死亡する前に自分の財産を人に分け与えること。つまり、自分が生きているうちに財産を他者に無償で与えることを指します。

●暦年贈与を使ったシミュレーション例

私の事務所で地方の資産家の相続対策シミュレーションを請け負ったことがあります。その中のひとつの対策として、暦年贈与を使った相続対策を提案しました。

資産総額は6億円。法定相続人は妻と長男、長女の3人です。毎年300万円ずつ合計3000万円を贈与する場合と、毎年500万円ずつ合計5000万円を贈与する場合を計算しました。

持ち戻しの贈与分（139ページ参照）を考慮していませんが、結果として、300万円を10年間にわたり贈与した場合は1085万円の節税効果、500万円を10年間にわたって贈与した場合は、1640万円の節税効果となりました。当然、暦年贈与を複数人に対して実施すれば、節税効果はより高くなります。

長期間にわたって暦年贈与を行うことで、大きな節税効果が期待できます。

10年間にわたり年300万円ずつ合計3000万円を贈与
（18歳以上の直系卑属(*)への贈与）

贈与税

（300万円［贈与額］－110万円［非課税枠］）×10%［税率］＝19万円

19万円×10年＝190万円 ➡ 贈与税の合計

相続税

3000万円に対する相続税は、3000万円×42.5%(※)＝1275万円

1275万円－190万円＝1085万円の節税効果！

10年間にわたり年500万円ずつ合計5000万円を贈与
（18歳以上の直系卑属への贈与）

贈与税

（500万円［贈与額］－110万円［非課税枠］）×15%［税率］－10万円［控除額］＝48.5万円

48.5万円×10年＝485万円 ➡ 贈与税の合計

相続税

5000万円に対する相続税は、5000万円×42.5%(※)＝2125万円

2125万円－485万円＝1640万円の節税効果！

※資産6億円、相続人3人の場合、基礎控除後の税率は42.5%です（配偶者の税額軽減は考慮していません）。

(*) 直系卑属：子や孫、ひ孫など、自分よりあとの世代にあたる直系の親族のこと。これに対して、父母や祖父母など自分より前の世代にあたる直系の親族を「直系尊属」といいます。

暦年贈与の注意点

暦年贈与で問題になるのは、「本当に贈与が行われたのか」という点です。そこで私は「贈与契約書」を作成することをお勧めしています。

贈与契約書は、「譲る人」「譲られる人」「贈与する金額」「贈与する日」を記入し、お互いの住所・氏名、押印（認印でもOK）があれば完成します。氏名だけはできるだけ直筆で書き、2通用意してそれぞれが保管するのがいいでしょう。また、現金ではその金額が明確とならないため、振り込みにより銀行を通すことをお勧めします。

暦年贈与は節税効果が高いだけに、税務当局も目を光らせます。ある年を境に、贈与契約書の譲る側の筆跡がちがっていたら、譲られる側が「偽造」したのではないかと疑われたりします。祖父母が高齢者施設で亡くなり相続が発生したときなどは、とくに入念に調べられます。

また、暦年贈与のもうひとつの大切なポイントは、贈与者（祖父母・父母）の預金から、受贈者（子ども・孫）の預金に移動していることです。子どもや孫の預金口座は、子どもや孫自身が認識し管理をすることが重要です。

祖父母や父母が通帳や印鑑を管理していると、税務当局からは「名義預金」とみなされる可能性があります。その口座は単に名義を借りただけのものであるとされ、贈与は成立しておら

贈与契約書は、本当に贈与が行われたことを示すものです。

贈与契約書

贈与者　○○○○（以下「甲」という）と受贈者○○○○（以下「乙」という）は、本日、以下のとおり贈与契約を締結した。

第1条　甲は、現金　○○○○○○○円を乙に贈与するものとし、乙はこれを受諾した。

上記のとおり契約を締結したので、これを証するため本契約書を2通作成し、甲乙各1通を保有するものとする。

令和○年　○月　○日

東京都○○区○○町○丁目○番地
贈与者　○○○○　　㊞
東京都○○区○○町○丁目○番地
受贈者　○○○○　　㊞

ず相続財産とされてしまいます。税務調査において、私もそういった場面を何度も見てきました。

まだ自分で判断できない年齢の孫などに贈与をするときは、親権者である孫の親を代理人として贈与契約(*)を結ぶことになります。その場合、贈与に使用される通帳は、親権者である親が管理することになります。

相続財産に加算される「持ち戻し」とは？

暦年贈与において年間110万円までの贈与であれば、贈与税は非課税となります。ただし、相続開始前3年以内に行われた法定相続人に対しての贈与については、相続財産となります。

父から子どもに2020年8月に300万円、2021年8月に300万円、2022年8月に400万円の生前贈与が実施され、2023年7月に父が亡くなって相続が発生したとします。

300万円＋300万円＋400万円＝1000万円は、相続財産に加算されます。**この1000万円を相続財産に加算することを「持ち戻し」といいます。**

(*)贈与契約：当事者の一方が他方に対して、無償で財産を与える契約のこと。財産を与える側を「贈与者」、財産をもらう側を「受贈者」といいます。

2024年1月1日以後、
持ち戻し期間が3年から7年に延長されます。

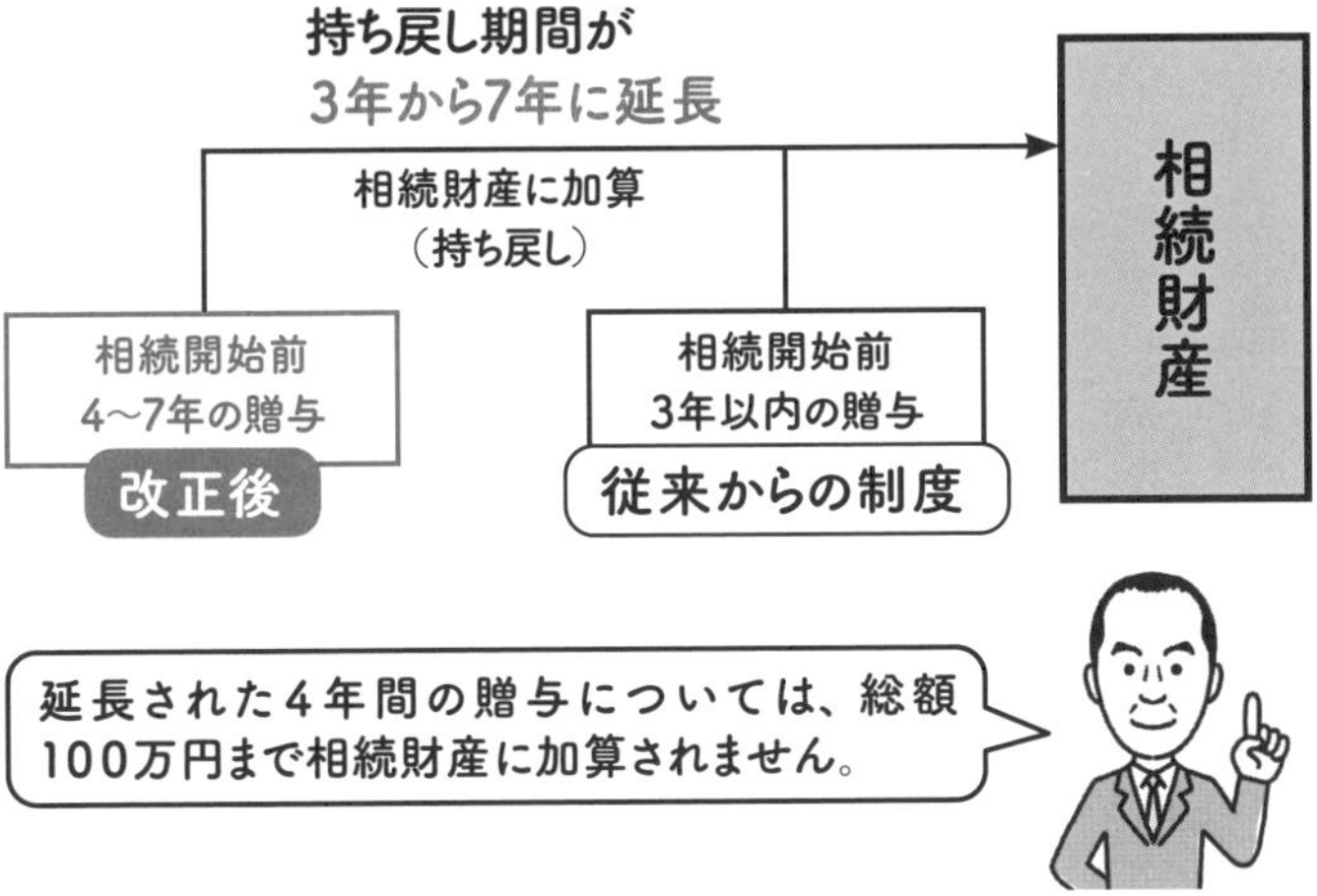

　２０２３年度税制改正で、この３年以内の贈与の持ち戻しが改正されました。２０２４年１月１日以後に贈与により取得する財産については、持ち戻し期間が３年から７年に延長されることとなります。ただし、相続開始前７年以内から３年以内の４年間の間に贈与により取得した財産については、総額１００万円まで相続財産に加算されない措置が講じられています。

　持ち戻しは、あくまでも法定相続人に対してであって、法定相続人でない孫などに対する贈与は、対象にはなりません。

　生前贈与については可能な限り早めに開始することをお勧めします。

生前贈与

2 子への資産移転を促す相続時精算課税制度

相続時精算課税制度のメリット

暦年贈与とは異なり、2500万円まで非課税になる生前贈与制度があります。「相続時精算課税制度」です。親から子どもへの資産移転を促し、経済を活性化させる目的で創設されました。

ただし、相続時精算課税制度は、暦年贈与とは制度設計がだいぶ異なります。

贈与する人は60歳以上の祖父母・父母、贈与を受ける人は成人（18歳以上）の子ども・孫と限定されています。2500万円を超える部分については一律20%の税率です。

仮に、祖父と祖母の2人から贈与を受けたとしましょう。贈与する人ごとに2500万円までは、非課税枠が使えます。

暦年贈与と大きく異なる点は、相続時精算課税制度を利用して受け取った生前贈与の全額を、相続発生時に相続財産に組み入れなければいけないことです。

父親から2500万円の贈与を受けていたら、父親が亡くなり相続が発生した際に、贈与を受けていた2500万円は相続財産に加算して相続税を計算することになります。

したがって、相続時精算課税制度を利用して現金を贈与することは、相続財産に持ち戻されるだけになるので、**現金については暦年贈与で贈与されることをお勧めします**（なお、2023年度税制改正で、2024年1月1日以降は、相続時精算課税制度においても基礎控除110万円までは贈与しても持ち戻しはないこととなります）。

ただし、**暦年贈与との併用はできず、「相続時精算課税制度選択届出書」を税務署に提出してしまうと変更ができません。**

贈与額が非課税枠内であっても、必ず税務当局に「贈与税申告書」と「相続時精算課税選択届出書」を提出することが求められています。

この制度の主なメリットは次の3つです。

①収益を生む物件を渡すと節税効果がある

収益を生む物件は、相続財産を増やすことになります。すなわち相続税が増加します。よって、早めに次世代に納税資金を準備させる上でも、また相続財産を移す上でも有効です。

②将来確実に資産価値が上がる財産を渡すと節税効果がある

将来区画整理がなされるとか、新しい駅ができるとか、資産価値が上がる不動産を贈与する場合、相続税申告のときには贈与時点の価額で相続財産に加算されます。つまり、資産価値の増額分が相続財産に加算されることを回避できるのです。

③遺産分割の際、故人の意思を遺言以外の形で表現できる

「この財産をどうしても嫁に行った長女に渡したい」といったときには、分割協議をせずとも先に分割を確定できるので、そのような場合に有効な制度です。

なお、この相続時精算課税制度についても、2023年度税制改正で見直しが図られました。**毎年、課税価格から基礎控除110万円までは非課税となります。**つまり、現行の非課税枠の総額は2500万円ですが、変更後には、総額2500万円に加えて毎年110万円ずつ非課税になるということです。この改正については、2024年1月1日以後の贈与により取得する財産について適用されます。

生前贈与

3

結婚20年以上の夫婦への「生前贈与」プレゼント

婚姻関係20年以上なら非課税で贈与が可能

婚姻関係が20年以上の夫婦間に認められる「配偶者特例」も生前贈与の一種です。

たとえば、自宅の名義を夫から妻に変更するとしましょう。

その際、**夫婦の居住用不動産(*)の評価額が、2000万円までは非課税となる制度です。**

暦年贈与との併用が認められているため、その年の実質的な非課税限度枠は2110万円となります。配偶者が居住用の不動産を新たに購入する場合も、取得するための金銭を贈与することができます。

仮に夫が亡くなり相続が発生しても、前述の持ち戻しはありません。相続財産に加算しないのも配偶者特例のメリットです。

(*)居住用不動産:「専ら居住用に供する土地、もしくは土地の上に存する権利または家屋で国内にあるもの」をいいます。つまり、「国内にある自宅」のことで、別荘などは該当しません。

「配偶者特例」は、婚姻関係20年以上の夫婦に
認められる生前贈与の一種です。

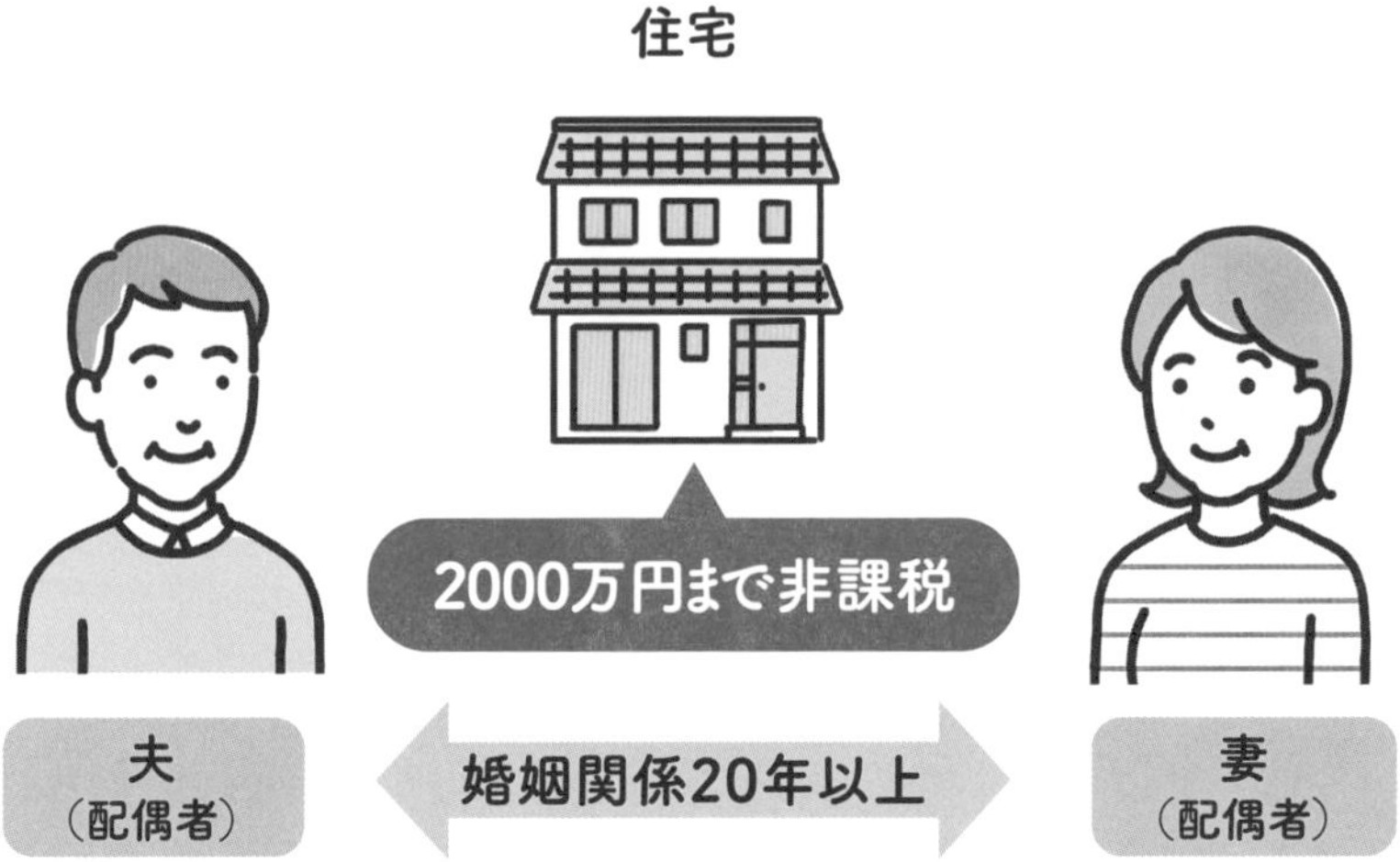

生前贈与

4 子や孫を援助する住宅資金贈与非課税特例

最大1000万円までの住宅用資金を贈与

子どもや孫が住宅を購入するときに資金援助をしてあげたいという場合、「住宅資金等贈与の非課税」という制度が利用できます。

祖父母や父母は、子ども・孫（18歳以上の成人）に対して住宅用資金（新築・増改築）を、最大1000万円（省エネ等住宅）（*）まで非課税で贈与できるというものです。やはり暦年贈与との併用が認められているため、その年の実質的な非課税限度枠は最大1110万円となります。

この制度は2023年12月31日までの時限立法となっています。毎年のように非課税枠や要件が変更されることは留意しておきましょう。

（*）省エネ等住宅：高い断熱性や耐震性・バリアフリー性のいずれかを備えている、省エネルギー等の対策に優れた住宅のこと。

子どもや孫が住宅を購入するとき、
最大1000万円までの資金援助ができます。

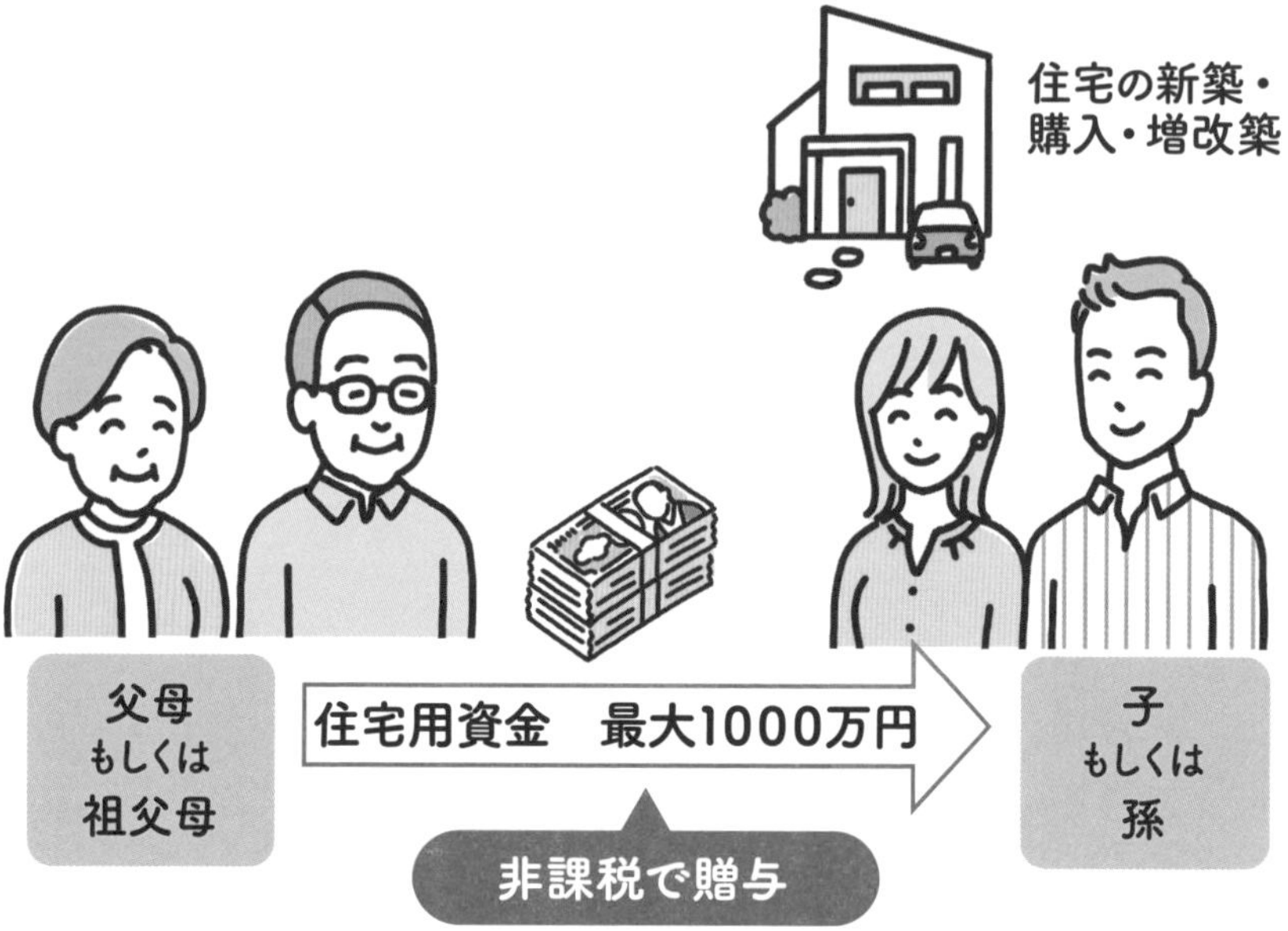

前述の「配偶者特例」と同様に相続が発生しても相続財産には加算されません。ただし、原則贈与を受けた翌年3月15日までに住宅を取得し居住していることが条件です。

注意すべきは、贈与税がかからなくても必ず申告が必要な点です。

生前贈与 5

教育資金や結婚・子育て資金に使える生前贈与

子や孫への「教育資金の一括贈与」

「教育資金の一括贈与」は、入学金、授業料、入園料、保育料、塾代、習い事など教育資金に限定した贈与です。基本的に1500万円まで非課税です。

贈与する祖父母・父母は、金融機関に子・孫名義の口座を開設する契約を結び、教育資金を一括拠出します。

適用となる受贈者は0～29歳、ただし、23歳以上は習い事は非課税の対象外となります。

また、贈与された資金が30歳までに使いきれなかった場合、残った金額には贈与税が課せられます。一度契約すると解約できないことも注意が必要です。

この制度も複雑な要件があるため、適用は慎重に判断することをお勧めします。

子どもや孫の教育資金を
（1人につき）最大1500万円までまとめて贈与できます。

教育資金の使途は金融機関がチェックし、書類を保管します。教育資金に充てる資金を引き出す場合には、預入・信託された金融機関の営業所に教育資金の支払いの事実を証明する書類等（領収書等）を提出する必要があります。すなわち、引き出しの都度、金融機関等で手続きをする必要があり、その運用が大変であるという声もあるようです。

たとえば、祖父母の孫への好意が毎回手続きをしに行く子にとっては負担になり、贈与を受けたことは忘れて、「面倒なことをしてくれた」という本末転倒な事態になってしまったケースもありました。この規定もまた、ここ数年で税制改正がたびたび行われています。

贈与者死亡時におけるまだ引き出していない残額部分については、もらった子・孫の状況によって、相続財産への持ち戻しが必要になる場合があるので、注意が必要です。

たとえば、1500万円の贈与を受けていた子どもが1000万を使用したところで、贈与者の父親が亡くなったとします。この場合、使い残しの500万円は、相続の発生にともない相続財産に持ち戻しをすることになります。つまり、相続税の課税対象になるということです。

「結婚・子育て資金の一括贈与」

祖父母や父母が、18歳以上50歳未満の子どもや孫に対して、結婚・子育て資金を提供するのが「結婚・子育て資金の一括贈与」です。教育資金贈与と同様に、手続きは金融機関の窓口で行います。1000万円が非課税限度額です。

なお、結婚に際して贈与できる金額については、300万円が限度となっています。

金融機関は、これらの制度を利用した人を優良顧客として囲いこもうとします。投資信託や保険、不動産の売り込みには、冷静に対応する必要があります。

不動産

第5章

相続不動産対策でトクする方法

不動産
1

相続関連の商品にはすぐに飛びつかない

相続対策の判断は慎重に

保険会社、銀行、ハウスメーカーなどは、相続対策関連のパンフレットを用意し、配布しています。大手企業が提供しているパンフレットだけに、内容に誤りがあることはありません。ただし、記述全体は事実なのですが、自社の商品やサービスがいかに役立つか、ということにスポットライトを当てています。保険会社なら「現金化が早い保険商品に優位性があること」や、「節税効果がある商品も用意している」とアピールしています。金融機関なら「相続財産をしっかり守る」ことや「遺言執行者として遺言信託(*)によるスムーズな遺産分割」を強調します。ハウスメーカーの場合は、多くのページを使って「不動産活用の節税効果」を訴えます。

(*)遺言信託：信託銀行等が遺言書作成のサポートから、遺言書の保管、定期的な確認、そして相続人への遺言書の開示と遺言書に基づいた遺産分割手続までを行うサービス。

商品アピールにすぐに飛びつくのではなく、冷静に判断する必要があります。

民間企業が営利目的で制作しているパンフレットです。自社商品のアピールが中心になるのは当然のことで、それぞれの企業は自社商品を売るためにセールスをしてきます。

当然、保険によって納税資金が準備できた、遺言信託でスムーズな遺産分割ができた、不動産活用で節税できた、といった話も多々聞いてきました。

ただし、**どの商品にもメリットとデメリットの両面があります。**たとえば、節税を期待して保険商品を購入したものの、実際に相続が発生してみると、想定していたような節税効果が得られないことがあります。遺言信託契約を結ぶ信託銀行の各種サービス手数料は、割高に設定されています。金融機関から借り入れをしてアパートを建築してみたものの、空室率が高く、借入金の返済に苦慮するといった事態もあります。

商品にすぐに飛びつくのではなく、冷静に判断することが求められます。税理士などの専門家にアドバイスを求めてから決断すべきです。

不動産

2

相続した土地の評価はこうして決まる

不動産の価格は「1物4価」

現金や預貯金、国債などの債券、上場株式などは、すぐにでも相続財産としての評価額を計算できます。しかし、土地価格はそういうわけにいきません。

不動産の価格は「1物4価」などといわれています。いくつもの判断基準があるのです。したがって、定まった価格がすぐに出るとはいえないことは、皆さんもご存じの通りです。

不動産価格は主に4つあります。**「公示価格」「実勢価格」「固定資産税評価額」「相続税評価額」です。**

公示価格は、毎年国土交通省が発表するもので、土地取引の目安価格として使われています。ただし、需要動向によっては、実勢価格（実際の取引価格）と連動しないこともあります。

固定資産税評価額は、市町村が固定資産税を課税するために定めるもので、公示価格の7割がおおよその価格設定です。

相続税評価額は、相続税・贈与税の財産評価の基準になるものです。「路線価方式」と「倍率方式」に分かれますが、どちらも公示価格の8割が目安です。

「路線価方式」か？ それとも「倍率方式」か？

相続税における土地の評価は、基本的には「路線価方式」か「倍率方式」(*)によります。都市部で適用されることが多い路線価方式は、国税庁が発表する路線価を基準にするものです。土地評価額の計算は次のようになります。

〔路線価方式〕

評価額＝1㎡当たりの路線価　×　宅地面積（㎡）

〔倍率方式〕

評価額＝宅地の固定資産税評価額　×　地域ごとに定められた倍率

(*) 路線価方式と倍率方式：どちらの方式を適用するかは、国税庁が定めています。

「路線価方式」で相続した土地を評価してみましょう。

〔普通住宅地区〕

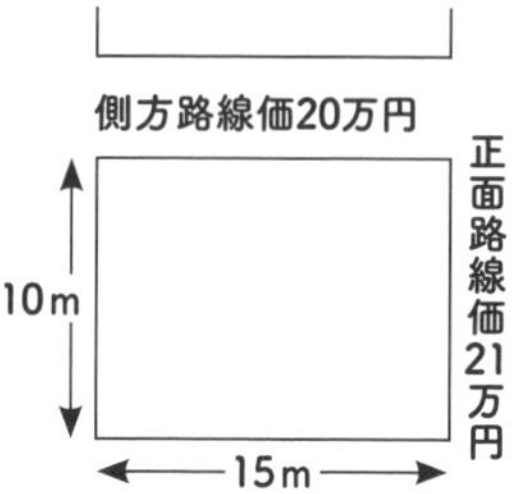

評価対象地1㎡あたりの価額

（正面路線価）＋（側方路線価×側方路線影響加算率）

21万円＋（20万円×0.03）＝21万6千円

評価対象地の評価額

21万6千円×150㎡＝3240万円

角地(*)にある家で正面と側面が道路に面しているとすれば、路線価が高いほうを「正面路線価」、もう一方を「側方路線価」で計算します。ただし、土地の形状はさまざまであり、実際は奥行や間口、道路への接し方などを加味し、補正をした上で評価額を出すことになります。たとえば、路線化方式では「奥行価格補正」「間口狭小補正」「奥行長大補正」「側方路線影響加算（角地加算）」「二方路線影響加算」などを加味します。

図面や地図だけでわからない情報が多岐にわたるため、現地の状況を確認し、さまざまな条件（接道状況・がけ地・近隣の墓地・傾斜地・騒音地域・容積率・都市計画道路など）を加味して評価します。ここが税理士の腕の見せ所です。

（＊）角地：2本の道路が交差している角、もしくはT字路の角に位置する土地のこと。

不動産

3 使わなければ大損する小規模宅地等の評価減の特例

土地評価最大80%減の特例は国からのプレゼント

相続した土地の評価を大幅に下げることができる制度が用意されています。この制度を利用することで、たとえば相続税評価額1億円の土地を、2000万円に下げることができます。2億円の土地なら評価額4000万円になります。

80%引き、つまりは元の2割の評価です。これが相続税における居住用の「小規模宅地等の評価減の特例」です。 相続するマイホームを手放すことがないようにするための配慮といっていいでしょう。相続における国からの最大のプレゼントです。

政府は、2015年1月1日以降の相続については、増税にシフトしました。それ以前に比べて基礎控除額を4割引き下げたのです。

「小規模宅地等の評価減の特例」で
土地の価値を80％下げることができます。

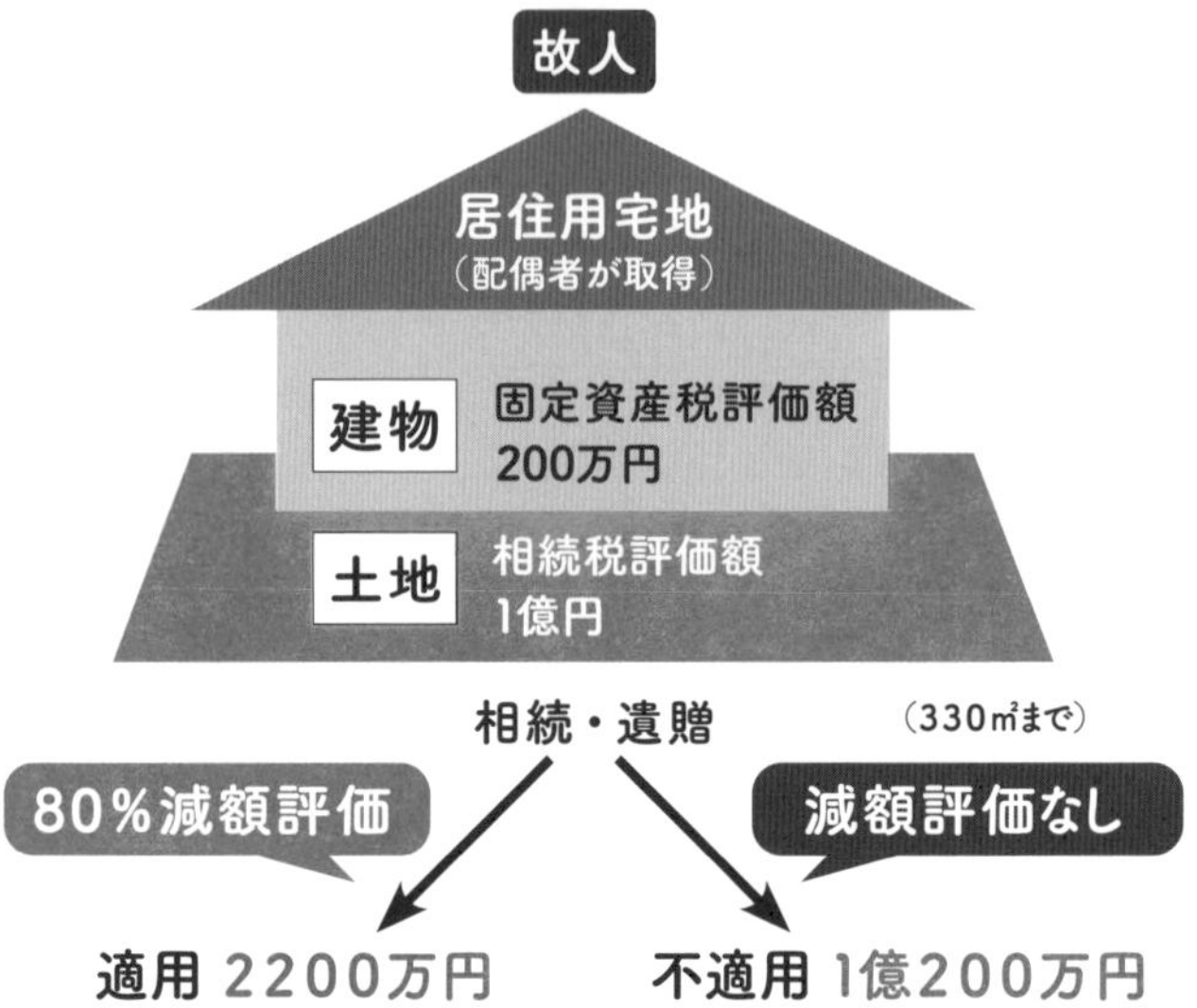

たとえば配偶者と子ども2人の場合、以前なら、遺産が8000万円までは相続税はかかりませんでした。それが4800万円に引き下げられたのです。課税対象のハードルを低くして、相続税の支払対象者を増やそうとしたわけです。

実際、相続税を課税される相続人が増えているのが現実です。主な相続財産が都市部の宅地だけなのに、課税対象になるケースが出ています。

相続税の支払い義務が生じるか否かは大きな問題です。相続税を負担するにしても、少しでも軽減したいものです。そのためにも、小規模宅地等の評価減の特例の活用は欠かせません。

ただし、この特例の適用を受けるため

には一定の要件を満たすことが必要です。まず、相続人の配偶者か、故人と同居していた親族という条件がつきます。

例外的に、相続人が借家で暮らしていた場合でも、適用される場合があります。故人に配偶者がいなかったり、同居していた親族がいなかったりした場合です。この80％減の特例を受けるために、意識して賃貸生活を継続しているという相続人もいます。

ただし、注意事項もあります。まずは遺産分割協議が整えられること。加えて、特例を受けることで相続税がゼロになる場合でも、申告書の提出が必須ということです。さらに、居住用宅地等の場合は相続税の申告期限まで継続して住み続けること、相続税申告まで売却しないことといった条件がつくこともあります。

「小規模宅地等の評価減の特例」の活用法

小規模宅地等の評価減の特例を活用すれば、相続税を軽減することが可能になることは説明しましたが、この特例を有効活用するためには、**どの土地を選んで適用するか、その選択がポイントになります。**

亡くなった人が居住用として使用していた宅地（特定居住用宅地等）だけでなく、事業用に使っていた宅地（特定事業用宅地等、貸付事業用宅地等）にも適用できるからです。

小規模宅地等の評価減の特例に該当する土地は、特定事業用宅地等（区分A）、特定居住用宅地等（区分B）、貸付事業用宅地等（区分C）の3種類です。ちなみに、特定居住用宅地等は330㎡まで、特定事業用宅地等は400㎡まで、貸付事業用宅地等は200㎡までが適用対象です。

気をつけたいのは、賃貸用アパート・マンション敷地や賃貸駐車場などは、評価減率が80％ではなく50％になる点です。80％減と50％減では、80％減を選びたくなりますが、土地の価額によっては、評価減による減額幅が逆転することも多いのです。

まさにパズルといっていいでしょう。適用対象面積を有効に活用するためには、適用する土地の組み合わせなど、専門性が求められます。

特例の適用を受ける際は、その宅地がどの区分にあたるかによって限度面積と減額割合が決まります。

区分A「特定事業用宅地等」限度面積400㎡ 減額割合80％

区分B「特定居住用宅地等」限度面積330㎡ 減額割合80％

区分C「貸付事業用宅地等」限度面積200㎡ 減額割合50％

事業用・居住用宅地と貸付事業用宅地を併用する場合。

適用対象面積算出のための計算式

$$A \times \frac{200}{400} + B \times \frac{200}{330} + C \leqq 200㎡$$

計算例

居住用の土地（区分B）が200㎡、貸駐車場の土地（区分C）が100㎡の場合

200㎡ × 200／330 ＋ C ≦ 200㎡

121.2㎡ ＋ C ≦ 200㎡

C ＝ 200㎡ － 121.2㎡ ＝ 78.8㎡

Cの貸付事業用宅地のうち78.8㎡は50％減にできる

A（特定事業用宅地等）400㎡とB（特定居住用宅地等）330㎡の併用で最大730㎡の宅地で評価額を80％減額できます。

居住用宅地と貸付用宅地を併用する場合、上記の計算式で算出した面積が限度となります。

このように、適用対象の選択はその土地を誰が相続するか、その事業を継続するのか、どの場所をどれくらい適用対象とするのか、といった多角的な判断が必要となります。

私の事務所でもその選択については何通りものシミュレーションをしています。小規模宅地等の評価減の特例の適用については専門家にアドバイスを求めるのが無難です（173ページ参照）。

◉ 小規模宅地等において減額される割合

<table>
<tr><th colspan="4">相続開始の直前における宅地等の利用区分</th><th>要件</th><th>限度面積</th><th>減額される割合</th></tr>
<tr><td rowspan="5">被相続人等の事業の用に供されていた宅地等</td><td colspan="2">貸付事業以外の事業用の宅地等</td><td>①</td><td>特定事業用宅地等に該当する宅地等</td><td>400㎡</td><td>80%</td></tr>
<tr><td rowspan="4">貸付事業用の宅地等</td><td rowspan="2">一定の法人に貸し付けられ、その法人の事業（貸付事業を除きます）用の宅地等</td><td>②</td><td>特定同族会社事業用宅地等に該当する宅地等※</td><td>400㎡</td><td>80%</td></tr>
<tr><td>③</td><td>貸付事業用宅地等に該当する宅地等</td><td>200㎡</td><td>50%</td></tr>
<tr><td>一定の法人に貸し付けられ、その法人の貸付事業用の宅地等</td><td>④</td><td>貸付事業用宅地等に該当する宅地等</td><td>200㎡</td><td>50%</td></tr>
<tr><td>被相続人等の貸付事業用の宅地等</td><td>⑤</td><td>貸付事業用宅地等に該当する宅地等</td><td>200㎡</td><td>50%</td></tr>
<tr><td colspan="3">被相続人等の居住の用に供されていた宅地等</td><td>⑥</td><td>特定居住用宅地等に該当する宅地等</td><td>330㎡</td><td>80%</td></tr>
</table>

※同族会社事業用の宅地の場合は貸付事業用宅地だが、①と同様の減額割合になる。

◉ 特例の適用を選択する宅地等の限度面積

特例の適用を選択する宅地等	限度面積
特定事業用宅地等（①または②）および 特定居住用宅地等（⑥） （貸付事業用宅地等がない場合）	（①＋②）≦400㎡ ⑥≦330㎡ 両方を選択する場合は、合計730㎡
貸付事業用宅地等（③、④または⑤） およびそれ以外の宅地等（①、②または⑥） （貸付事業用宅地等がある場合）	（①＋②）×200／400＋⑥×200／330＋（③＋④＋⑤）≦200㎡

〔国税庁HPより〕

不動産 4

増税必至のタワマンを購入するときの注意点とは？

「タワーマンション（タワマン）(*)節税」という言葉を聞いた人も多いはずです。

タワマン購入の従来の節税効果は、相続税対策と固定資産税対策です。これは今後も変わらずおトクに活用できるのでしょうか。

相続税だけではない「タワマン節税効果」

タワーマンションの相続税評価額は、時価に比べて大幅に低くなる傾向があります。それはタワーマンションの場合、駐車場などを含めた敷地面積を総戸数で割った所有面積で算出するため、総戸数が多いタワーマンションの相続税評価額は、相場からすれば安価になる傾向があります。国税庁は、タワーマンションの相続税評価額は時価の30％程度であると推定

(*) タワーマンション：従来のマンションと比べて際立って高い住居用高層建築物の俗称。一般的には20階以上、高さが60mを超える超高層マンションを指します。

しています。

たとえば、1億円で購入したタワーマンションであれば、相続税評価額は約3000万円ということになります。つまり、約7000万円の資産の圧縮ができるのです。

タワーマンションは、固定資産税においても通常の住宅の固定資産税より低くなる傾向があります。固定資産税には、200㎡以下の住宅用の狭い土地に対して割引制度があります。本来、固定資産税は、固定資産税評価額に対し1・4％の税金が課せられることになっています。しかし、200㎡以下の狭い土地に関してはその税金が6分の1になります。

相続税評価額と同じく、タワーマンションの場合は総戸数が多いため、1戸当たりの敷地面積は小さくなるので、結果として固定資産税が6分の1に抑えられるのです。

タワマン節税の効果は今後も期待できるか？

国税庁は、2023年1月30日に第1回「マンションに係る財産評価基本通達に関する有識者会議」を開催しました。マンションについては、国税庁の財産評価基本通達に基づく相続税評価額と時価とが大きく乖離《かいり》しているケースが多いため、その乖離の是正について協議・検討していく方向となりました。協議の中で、相続税評価額が時価の6割以上となるような新算定

これまでのような資産の圧縮ができなくなるので、今後の動向に留意しましょう。

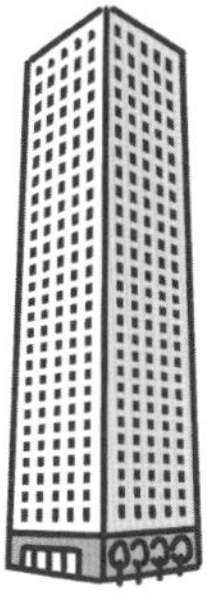

購入価格 1億円

↓

従来の相続時の資産評価 3000万円

↓

今後の相続時の資産評価 6000万円〜
従来の評価額×評価乖離率×0.6

評価乖離率とは、国税庁が用意する新たな計算式に築年数や階数などを当てはめて算出された値です。

ルールが検討されています（2024年1月1日から改定予定）。今後の税制改正の動向に留意が必要です。

相続税法に基づく財産評価基本通達第1章総則6項についても注意が必要です。166ページで紹介する2022年4月の最高裁判決でもあるように、この総則6項の適用により、時価で評価されてしまう可能性があります。その対策としては、タワーマンションの取得は節税目的ではなく、あくまでも賃貸収入や住居としての使用を目的としていることを明確にしておく必要があります。

相続が発生したのちにすぐに売却しないことも大切です。**少なくとも5年間は所有することをお勧めします。**

また、数十年以内に最大規模の地震が発生する可能性も指摘されています。その場合、タワーマンションの時価が大幅に下落することも予想されます。このことも投資リスクとして頭の片隅に入れておきましょう。

不動産

5

節税目的のアパート経営はプラスマイナス両面で判断

相続税対策への最高裁の判決の重み

「節税対策のためにアパート経営をするのはどうだろうか……」と、検討している方もいるかと思います。そういう方に参考にしていただきたいお話があります。

2022年4月、最高裁判所は、ある相続税案件について最終判決を下しました。

とある男性が、亡くなる3年前に金融機関からの借り入れにより、収益が見込めるマンション2棟を13億8700万円で購入しました。男性が亡くなったあと、相続人がこのうち1棟をすぐに売却しました。相続人が申告した相続税はいくらだったでしょうか。

答えは、ゼロ円です。

この事例の流れを整理すれば以下のようになります。

手許現金・預金と借入金を元手に不動産を購入する

←

現金より不動産のほうが相続財産としての価値が下がる

さらに借入金により相続財産を圧縮するので、相続税を節税できる

←

不動産売却により借入金返済

「行き過ぎた節税対策」と思われても仕方がありませんでした。

最高裁判所は過少申告加算税を含め、この相続人に相続税の支払いを命じました。

国税庁側の言い分が通り、相続人に対して相続税の支払いが命じられることは、税務のプロである私たちは判決前からある程度予想していました。

ひとつは、不動産購入および売却のタイミングです。判決に「何年」という期間の明示はありませんでしたが、明らかな相続対策と税務当局が判断することは「是」という判断が下されました。

もうひとつは、相続不動産の評価方法です。不動産の相続税評価は基本的には相続税法の財産評価基本通達（土地は路線価方式、建物は固定資産税評価額）によりますが、「時価鑑定」

が認められるのか、ということにも注目が集まりました。

時価鑑定とは「この通達の定めによって評価することが著しく不適当と認められる財産の価額は、国税庁長官の指示を受けて評価する」（財産評価基本通達第1章総則6項）に基づくものです。この総則6項は、税務関係者の間では奥の手として「伝家の宝刀」と呼んだりするものです。最高裁は財産評価基本通達（土地は路線価方式、建物は固定資産税評価額）が中心であることは認めつつ、伝家の宝刀も許容したのです。

この最高裁の判決が、今後の不動産を使った相続対策に影響を及ぼすことは必至です。

また、裁判の過程で、金融機関が相続人に積極的に融資を斡旋していたことが明らかになっています。相続人側は「借入→不動産購入→不動産売却で返済」という流れを考えていたのでしょうが、やり過ぎな相続対策が否定されたわけです。この先、金融機関は相続税対策としての融資にためらうようになるはずです。

改めて、この裁判で明らかになった点を再確認してみます。

亡くなった男性は金融機関から借り入れし、約13億8700万円の収益物件を購入したのですが、引き継いだ相続人は相続税評価額を3億3000万円としました。およそ約10億6000万円の乖離があります。

一方、国税庁の評価額は時価鑑定での算出で約12億7300万円でした。国税庁の評価額は被相続人の購入金額とほぼ同額です。

相続税対策を目的に不動産投資やマンション・アパート建築を進める方は、こうした最高裁の判決の影響を加味することも大切なポイントになるはずです。

1億円を2800万円の評価額にする

金融機関からの借入金1億円で賃貸住宅を建設したとしましょう。建物の相続税評価額は固定資産税評価額となります。市区町村の固定資産税の担当評価官によりますが、固定資産税評価額が4000万円だったと仮定します。

それを賃貸に出すとさらに評価額が下がります。評価額は借家権割合(*)の3割を加味して4000万円×(1－0・3)＝2800万円となります。1億円で購入した建物の評価額が約2800万円となり、約7200万円の評価額減とできます。

さらに、土地についても考えるならば、都市近郊であれば約2割評価を下げられます。土地の相続税評価額が仮に8000万円とすれば、約1600万円の評価減とできます。

以上のように、遊んでいる自分の土地に賃貸建物を建てただけで、土地の相続税評価額は8割程度に下がります。それを賃貸物件とすれば、建物の相続税評価額は3割弱の評価になる物

(*)借家権割合：借家権が設定された土地や建物を相続した際、その土地や建物の相続税評価額を計算式に算入する割合のこと。土地や建物に借家権が設定されている場合、借家権割合(全国一律で3割)の分だけ相続税評価額を減額できます。

件もあるでしょう。**財産の相続税評価額が小さくなるので、相続対策となるのは事実です。**

アパート建築はプラスマイナス両面から判断

空き家の増加が社会問題になっている一方で、アパートの新築は続いています。大手ハウスメーカーなどのセールストークが巧みで、営業力も強いからでしょう。私の事務所の近隣には古くからの大農家が多いのですが、そんな農地地主をターゲットとする動きも目につきます。複数のアパートを所有するオーナーに話を聞くと、「駅近物件でなければ満室状態が維持できない」といった答えが返ってきます。

アパート経営にはリスクがともないます。空室が出るリスクもあれば、メンテナンスのコストもかかります。老朽化にともなう修繕は、外壁塗装や屋上の防水工事のリニューアルなど多額の修繕費がかかります。サブリース契約といって、建築を請け負ったハウスメーカーが家賃保証をするスタイルが一般的になっていますが、管理費などを支払うと実入りが少ないのが実態です。家賃保証といっても、条件によっては金額が引き下げられる契約になっています。

家賃が継続的に入ってきてもトータルでは負債になってしまうケースも少なくないようです。仮に1億円の建築資金が銀行借入だったら、返済負担ものしかかります。相続税を節税しよ

**ハウスメーカーが家賃保証をする
サブリース契約が一般的になっています。**

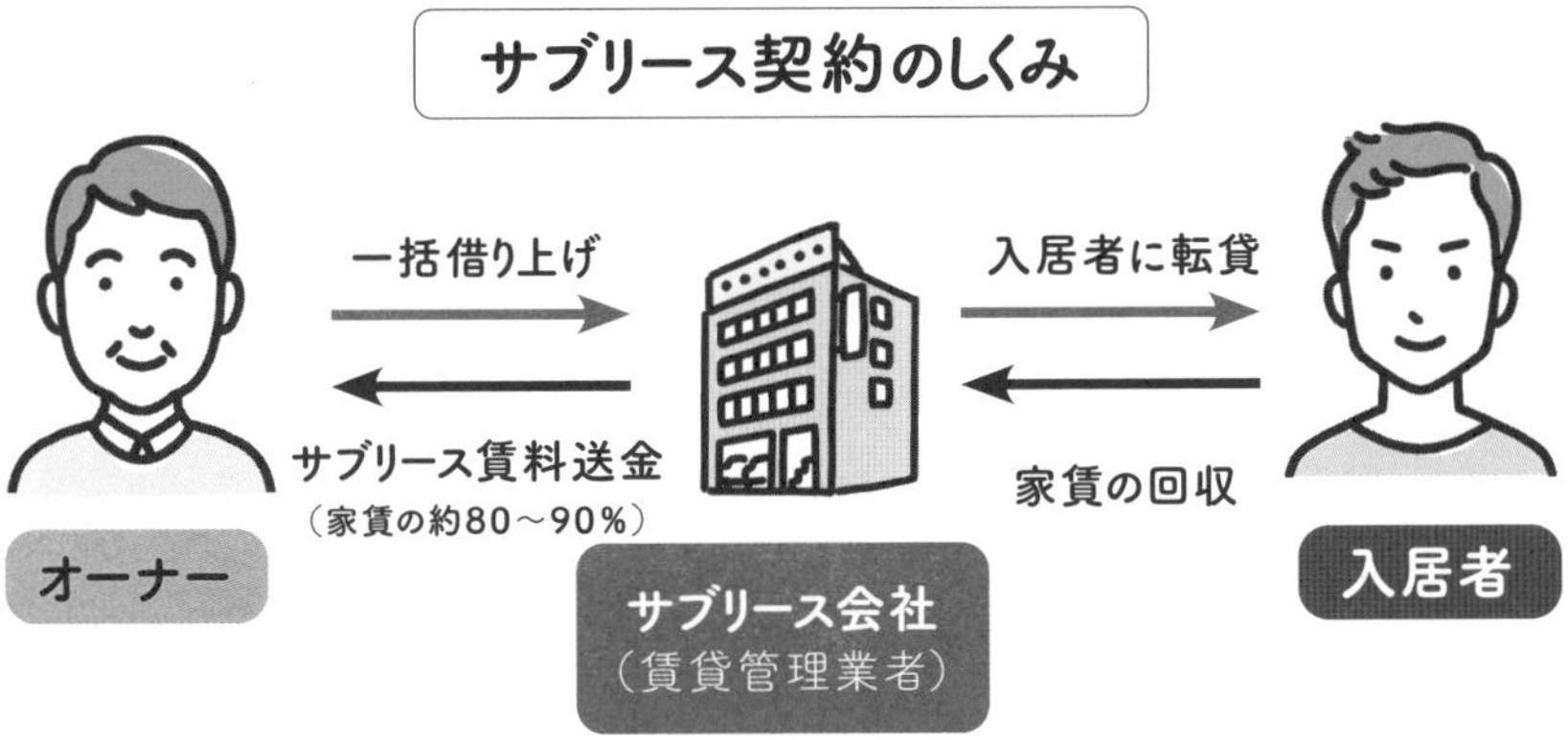

うという当初の計画はスムーズに運ぶとは限りません。

ましてや、アパートを相続した相続人が、相続税の納付資金を捻出しようと売りに出しても買い手がつかないのでは、相続税対策としてのアパート建築は、失敗とまでは断言できなくても、当初の目論見どおりにならなかったことは明らかです。

相続対策を持ちかけてくるセールスは数々あります。セールストークは右の耳から左の耳へ聞き流し、プラス面マイナス面を熟慮して判断すべきです。

不動産

6

建物の評価は取得価額の4割から3割程度になる

不動産評価のまとめ

相続を経験すると、多くの人は不動産の評価方法がいくつもあって驚きます。**現預金の1億円は1億円ですが、不動産は時価と評価額が異なります。**簡単にまとめてみましょう。

154ページにも記載したように、土地の評価は国税庁が毎年出す路線価図と倍率表に基づいて計算します。よって、時価との乖離が生じます。都市部では、路線価より時価のほうが高くなる傾向があり、地方においては逆のケースもあります。

建物の評価は、建設時の取得価額ではなく、固定資産税評価額により評価します。だいたい取得価額の4割から3割程度の評価になることが多いようです。

他人に貸しているマンション・アパート等の場合、土地は「貸家建付地」(*)として、宅地

(*)貸家建付地:貸家の敷地として使用されている宅地のこと。つまり、自分の土地に自分が所有するアパートなどを建て、第三者に貸している場合の土地のことをいいます。

の評価額×（1－借地権割合×借家権割合）として評価します。なお、借家権割合は3割と決まっています。

たとえば、借地権割合（国税庁が路線価図・倍率表で指定）が6割の地域の場合は、建物の評価は次のようになります。

相続税評価額5000万円 × （1－0・6×0・3） ＝ 4100万円

また、建物は「貸家」として固定資産税評価額×（1－借家権割合）として評価されるので、次のようになります。

固定資産税評価額3000万円 × （1－0・3） ＝ 2100万円

小規模宅地等の評価減の特例

国税庁では、162ページにある表を使用して小規模宅地等の評価減の特例について説明しています。

これに基づくと、居住用の場合であれば３３０㎡までは80％減、家業に使用している土地の場合であれば４００㎡までは80％減、貸家や駐車場等の貸付事業に使用している土地の場合であれば２００㎡までは50％減が可能です。

ただし、限度面積を判定する必要があります。居住用と事業用として適用するのであれば合わせて７３０㎡まで適用可能です。貸付事業用が含まれる場合は、１６２ページの表で示したようにその面積が限定されることに注意が必要です。

小規模宅地等の評価減の特例の適用にあたっては、面積要件だけではなく、その取得者や居住や事業の継続性等の複雑な要件判定が必要となります。私たち専門家でも小規模宅地等の評価減の特例だけで解説書が1冊作れるくらい複雑なものです。

よって、この特例の適用にあたっては、税理士と慎重に協議することが重要です。私の事務所でもこの特例の適用については、相当の時間を使ってシミュレーションした上で判断しています。

不動産

7

相続した不動産の有効活用方法

相続財産・不動産を有効活用する

相続人が、取得した財産について、すぐに節税対策を立てるケースが多々あります。このとき相続税がかかるのか否か、課税されるとすればいかに負担軽減できるのか、といったことだけに目が行くと、このように考えるのでしょう。

では、逆転の発想はどうでしょうか。せっかく引き継いだ相続財産です。その相続財産を増やす、という視点があってもいいと思います。

相続財産を不動産に投資することで、収益物件にすることもできます。

ネット上には、「父親が遺してくれた遺産を活用したことで、毎月コンスタントに不動産収入が入ってくるようになりました」といった情報などがあふれています。

しかし、ネットでの情報に惑わされず、しっかりと自分で判断することが何より必要です。ハウスメーカーや不動産会社、金融機関だけではなく、中立的な立場のアドバイザーを探すことも重要です。

もし不動産業をしている友人がいれば相談してみるのもひとつの手でしょう。

また、弁護士や税理士、一級建築士等の専門家に相談してみることも有効です。

「相続財産でマンション経営を始めたいのですが……」という相談を受けることがあります。「マンションと駐車場の経営ではどちらがいいですか?」という質問を受けることもあります。即答することはできませんが、立場的にアドバイスをすることは可能です。ただし、最終決断を下し実行するのは相続人本人です。

マンション経営にせよ、駐車場経営にせよ、「不動産業」としてそれなりのノウハウが必要です。**どんな仕事であっても勉強が欠かせないように、不動産業を始めるにあたっては基本的な知識の習得は欠かせません。**

〔例1〕相続財産を不動産に

ある事例を紹介しましょう。

父親の死去で相続が発生しました。すでに配偶者は亡くなっており、相続人は60歳の長男ただ1人です。相続財産は、父親と同居していた自宅と現預金1億5000万円。相続税は約3000万円でした。

この現預金1億5000万円のうち1億円を生前に賃貸不動産の購入に充てておけば、不動産を5000万円程度の評価にできました。つまり、現預金を賃貸不動産に換えておくことで、相続税を約1200万円に軽減できたのです。

今回の場合、相続財産として現預金1億5000万円（納税後、1億2000万円）を取得した相続人は、どうすれば相続財産を上手に活用できるでしょうか。このまま現金で持っていても、また今回の相続と同様に金額そのままで評価されてしまいます。

そこで、今後の老後資金として一部は手元に置いておき、残りを不動産購入に充てるという選択肢もあります。1億円の資金で不動産を購入し、残りの2000万円と購入した不動産から得られる家賃収入を老後資金とするというプランが考えられます。

問題は何に投資するかです。

ハウスメーカーが提供する賃貸物件や中古アパート物件、または駅前の区分所有マンション（中古）などが候補になるでしょう。相続人は、高校時代の同級生のゼネコンに勤める友人や地元の信頼できる不動産会社と税理士のアドバイスを経て検討した結果、駅前の区分所有マンションを2戸購入することにしました。利回りは必ずしもいいとはいえませんが、将来的に子どもたちが住むこともできるし、駅前のマンションであれば売却しやすいことから、子どもたちにとっても価値の高い相続財産にできると判断したのです。

また、不動産の時価と相続税評価額の乖離を利用することで次世代の相続税対策にもなります。

〔例2〕不動産を活用した代償分割

相続した不動産の活用として、別の観点から事例を紹介しましょう。

母親の死去で相続が発生しました。すでに父親は亡くなっており、相続人は子ども3人（長男、長女、次女）でした。母親の財産は自身と長男一家が住む賃貸併用住宅のみで、預金などはありませんでした。

ここで問題になるのは、財産の分割です。なぜなら、長男一家が住む賃貸併用住宅は本人が住んでいて、土地建物を売却して現金化することやその土地建物自体を分割することは、長男本人としては望ましくありませんでした。

そんな場合に「代償分割」という方法があります。**代償分割とは、遺産の分割に当たって共**

同相続人(*)などのうちの1人または数人に相続財産を現物で取得させ、その現物を取得した人がほかの共同相続人などに対して債務を負担するもので、現物分割が困難な場合に行われる方法です。

そこで、長男は不動産を活用して土地を担保に銀行から融資を得て、長女、次女に遺留分に相当する現金を支払うことで問題を解決しました。

〔例3〕不動産の「リストラクチャリング」

不動産がからんだ事例をもう一つ紹介します。

父親の死去で相続が発生しました。父親はある地方都市の大地主でした。相続人は配偶者である母親と長男、長女の3人です。相続財産については、母親には自宅とアパート1棟、長男には駐車場とアパート1棟、長女には現預金3000万円を取得させることとして分割しました。

長男は駐車場を5000万円で、またアパート1棟を4000万円で売却し、税金と仲介手数料等を差し引き、手取り額7000万円が得られました。その7000万円を元手に銀行から8000万円の融資を受けて、都心部に1億5000万円の中古アパートを購入しました。

(*)共同相続人:相続人が複数人いる場合に、相続財産を共有している状態の相続人のこと。遺言書がない場合、遺産はいったん相続人全員の共有財産となります。

資産のリストラクチャリング（資産の変換）を検討しましょう。

父親
（被相続人）
＝死去

相続人
母親
長女
長男

相続財産
自宅、アパート1棟
現預金3000万円
駐車場、アパート1棟

- 長男は駐車場を5000万円、アパート1棟を4000万円で売却

⬇

- 税金と仲介手数料などを差し引いた7000万円を元手に、銀行から8000万円の融資を受ける

⬇

- 都心に1億5000万円の中古アパートを購入。表面利回りは7％で、年間約1050万円の家賃収入を得ている

ちなみに表面利回りは７％で、年間約１０５０万円の家賃収入が入ります。

この例では、今後の地方都市の過疎化と都心の物件の収益性を比較して購入を決断しています。

私は先祖代々の土地を受け継いでいくこともとても重要だと考えていますが、**その後の相続人または次世代の生活の安定ということを考慮し、資産のリストラクチャリングを検討していくことも相続における重要なテーマだと考えています。**

アドバイス

第6章

まさかのときの相続アドバイス

アドバイス 1

相続税の申告に誤りがあったらどうする？

少なく申告したときは「修正申告」

相続税の申告・納付を済ませたあとに、誤りに気がついたときは、「修正申告」によって申告内容を訂正することになります。

また、相続税を本来よりも多く申告・納付した場合は、「更正の請求」を行って正当な額への減額を求めることができます。更正の請求の期限は、相続税の法定申告期限から5年以内です。

自主的に修正申告をした場合と税務署に指摘されて修正申告をした場合では、扱いが異なります。

自主的に修正申告をした場合、加算税(*)は免除されますが、追加で納付しなければならな

(*) 加算税と延滞税：「加算税」は納税の不備があった事実に対して、「延滞税」は納付が遅れたことに対して課税されるペナルティです。

い税額に対して、延滞税(*)が発生します。

本来納付すべき税額が1500万円なのに1200万円しか納税していなかったら、不足分(増差税額)の300万円に対して、納付までの日数に応じて延滞税がかかります。

修正申告における延滞税は、納付が法定納期限の翌日から1年以内の場合は、原則として年率「7・3%」か「延滞税特例基準割合+1%」のいずれか低いほうを適用します。

修正申告提出後に納付をした場合には、その提出の翌日から2か月を経過した日以後の場合は、原則として年率「14・6%」か「延滞税特例基準割合+7・3%」のいずれか低いほうを適用します。

なお、税務調査で重加算税を課されない場合には、1年以上の延滞税は免除されます。

ちなみに、延滞税特例基準割合とは、各年の前々年の9月から前年の8月までの各月における銀行の新規の短期貸出約定平均金利の合計を12で除して得た割合として、各年の前年の11月30日までに財務大臣が告示する割合に年1%の割合を加算したものをいいます。

税務署に指摘された場合は加算税もつく

税務署の指摘によって修正申告をした場合は、延滞税とともに加算税も課されます。

加算税の割合は、基本的に追加納税額の10％ですが、追加納税額のうち、当初に申告した税金または50万円のうち大きいほうの金額を超過するときには、超過分の税率が15％になります。

たとえば、当初申告した税額が１２００万円、修正後の税額が１５００万円となる場合で考えます。この場合の延滞税額は追加納税額の３００万円の10％で30万円です。

また、税務調査により、財産を隠ぺいしたり、事実を仮装していたときは過少申告加算税に代わり重加算税が35％になります。当初の税額＋追加納税額＋延滞税＋加算税となるので、適正な申告をすることをお勧めします。

修正申告時の延滞税の計算方法

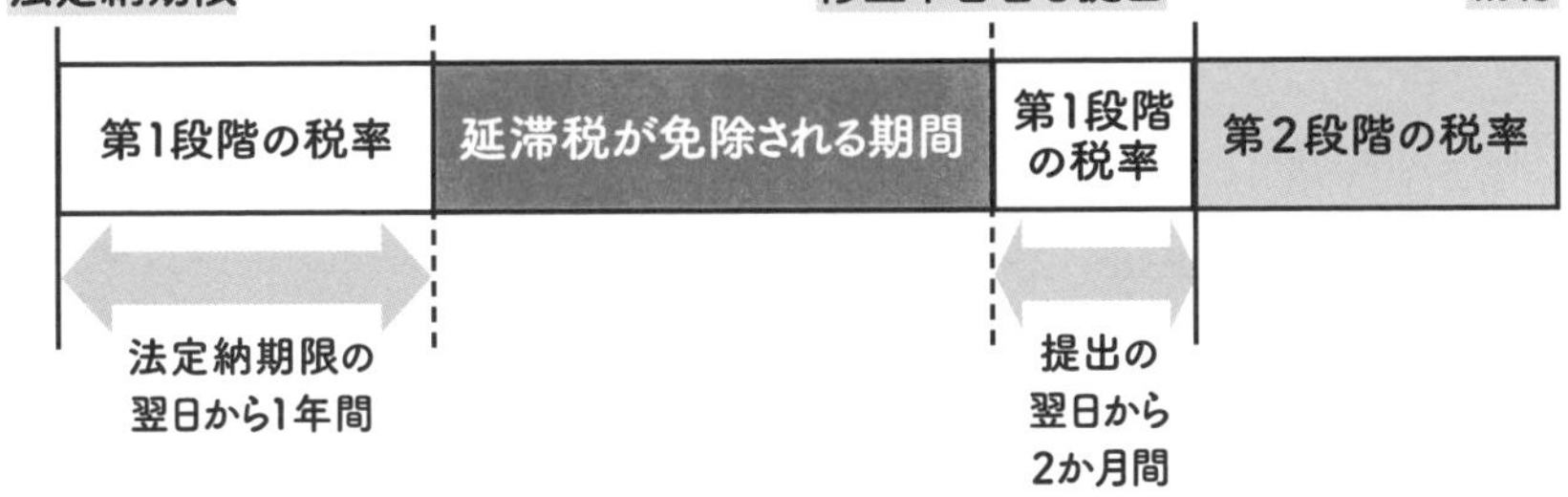

延滞税や加算税を課されることがないように、
適正な申告をしましょう。

第1段階の税率：年「7.3％」と「延滞税特例基準割合＋1％」のいずれか低い割合
第2段階の税率：年「14.6％」と「延滞税特例基準割合＋7.3％」のいずれか低い割合

アドバイス 2

相続トラブル回避の近道は専門家の力を借りること

税理士に各専門家のとりまとめをしてもらう

臨終、葬儀からはじまって、相続財産の名義変更など、故人にかかわる手続きは多岐にわたります。これら各種手続きのすべてを終えるためには、専門家の手助けを必要とするケースも出てきます。

不動産の名義変更は「司法書士」、相続した土地の測量は「土地家屋調査士」、不動産の適正評価は「不動産鑑定士」に依頼します。遺産分割に不満がある場合は「弁護士」に相談します。税金関係の専門家は「税理士」です。

ただし、分野ごとにそれぞれの専門家に依頼するとなると、手間がかかります。

私が税理士だからというわけではありません。**まずは税理士に依頼し、その税理士に各専門**

家のとりまとめをしてもらうのが得策だと思っています。私の事務所もそうですが、専門家同士のネットワークを組んでいる税理士事務所を選べばいいでしょう。

信託銀行の信託サービスの利用は高額

信託銀行などの遺言信託も窓口を一本化しています。遺言書作成から遺言の執行までをトータルで依頼できます。財産を信託し、管理・運用までを依頼することも可能です。

金融機関の遺言信託のパンフレットには、「公正証書遺言の証人（33ページ参照）」「遺言書の保管・管理」「遺言の執行」はもとより、「貸金庫の利用」「相続税アドバイス」「資産の信託・運用」「信託の受益者への支払い」など、多岐にわたるサービスを案内しています。

ただし、金融機関が手がける遺言信託の費用は高く設定されています。金融機関によって異なりますが、「引受手数料」「遺言書保管料」「執行報酬」などを支払うことになります。

また、金融機関は遺言信託の契約者に相続争いが発生する恐れが高いと判断すると、取引を打ち切ったりします。

信託銀行は、「遺言信託」の獲得に注力しています。手数料ビジネスの拡大で経営の安定化を目指そうということです。信託銀行は、遺言書の保管や遺言執行業務、不動産売買の仲介業務も認められている金融機関です。
ただし、大手金融機関が手がけるだけに費用は割高です。

経験豊かな税理士を探すことが大切

相続財産から債務や葬儀費用などを差し引き、「課税価格（109ページ参照）」を求めます。その課税価格が算出できれば、自ずと相続税額は見えてきます。相続財産には、生前贈与の持ち戻し（138ページ参照）なども加算されます。

こう書くと単純そうに思われるかもしれませんが、相続税の申告書作成は、一筋縄ではいきません。

相続税の申告・納付の期限は、相続が発生してから10か月以内と時間が限られています。経験豊かで相続税に特化した税理士は、その限られた時間の中で相続財産の評価をし、また税金を少しでも減らせるような分割案を提案します。

財産相続においては、その相続財産の多くを占める不動産の評価を下げることが最大のポイントになります。

土地の評価方法は千差万別です。その土地について現地を確認し、そこを管轄する役所での調査を行い、情報を収集します。その上で、その事務所のもつノウハウ・経験値を生かし、さまざまな法規と照らし合わせて、評価を少しでも下げられるように努めます。

また、急傾斜地であるなど、財産評価基本通達(*)に基づく評価では不適当と認められる土地については、不動産鑑定士による評価を活用することもあります。

相続税額を減らせるような分割案については、その財産（とくに土地）を誰に相続させるか、また、その土地の評価を減らすために、土地を分筆した上で相続させるか（62ページ参照）、1次相続および2次相続を加味して分割させるか（107ページ参照）などの複数の要素を取り入れながら提案します。

とくに誰に相続させるかで小規模宅地等の評価減の特例（157ページ参照）を最大限に活用することは重要なテーマです。

税理士の得意分野はそれぞれです。経営コンサルタント業を中心にする税理士もいれば、同業者向けのソフト開発に注力している税理士も見受けられます。フランチャイズオーナー店主や保険外交員の確定申告に強い税理士も存在します。

各人各様。税理士もそれぞれです。そのため、相続案件を年に数件しか扱わない税理士事務所も多いということを耳にすることもあります。なので、相続税申告件数が多く、かつ地元の金融機関から信頼を得ている税理士事務所に相談することをお勧めします。

(*) 財産評価基本通達：相続や贈与で取得した財産の評価方法を国税庁が示したもの。この通達にしたがって財産の金額を評価し、相続税額や贈与税額を計算します。国税庁のホームページから閲覧することが可能です。

そういった税理士であれば、節税は当然として、相続人の感情や将来を見据えた俯瞰的《ふかんてき》な相続税申告業務をしてくれるはずです。

アドバイス 3

もしものときに慌てない 税務調査での対応

相続税の税務調査とは？

国税庁が2022年12月に、令和3事務年度における相続税の調査等の状況を発表しています。それによると、相続税の税務調査（実地調査）の状況は令和2事務年度は5106件、令和3事務年度は6317件となっています。これはコロナ禍における数値です。今後はさらに増加していくものと思われます。

また、その調査により追加納税額が発生した人は、両事務年度ともに87・6％で約9割が修正申告をしていることになります。

税務調査は、相続人本人に対する調査だけでなく、銀行、証券会社、貴金属販売会社などへの取引先調査も行われます。

調査の方法は多岐にわたります。調査が必要と判断された場合、被相続人の過去の経済活動を追跡するわけです。実は、税務署は本人のところへ行く前に、金融機関への文書照会などで相当な労力と時間をかけているのです。すなわち、税務当局が調査に来た場合には、ほぼ追加納税が発生するということになります。

税務当局は、さまざまな情報を持っています。

たとえば、過去の相続による財産の取得、個人の経営している法人の財産・利益、個人の過去から現在までの所得、家賃収入の明細、海外への財産移転など、多岐にわたります。それらと照らし合わせて疑義が生じる場合には税務調査をすることになります。

相続税は所得税や法人税とは異なり、相続発生にともなう一度だけの課税です。税務当局からすれば、その時に課税漏れがあったら、そのあとは課税できなくなります。したがって、税務当局は申告漏れなど可能な限り税務調査を実施します。

税務調査が入りやすいケースは以下の通りです。

①相続財産の総額が大きい場合

相続財産の総額が大きい申告がなされた場合、税務当局は念入りにその財産の形成過程について調べます。また、財産の種類が多いため、単純な申告漏れが指摘されることも多くあります。

②預貯金の出入りが多く、家族名義の財産が多い場合

たとえば、所得がない配偶者が多額の預金を持っている、子の所得に比べてその子の財産が多い場合など、過去に未申告の贈与があったのでは、という観点で調査されます。また、申告されていない保険や絵画、書画骨董といった美術品も疑われやすい財産のひとつです。

③相続財産に現金が多い場合

現金は、銀行預金の通帳のような記録がなされないため、その財産の出所の確認がなされます。また当然、過去の脱税も疑われてしまいます。

④過去の所得や過去の相続に見合う相続財産の申告がなされていない場合

過去に土地を売却した、多額の所得を申告していた、もしくは多額の財産を相続していたにもかかわらず、それに見合う相続財産の申告がなされていない場合、財産の隠ぺいを疑われます。中には過去に取得した相続財産を投資したものの失敗したり、海外旅行や飲食で派手に散財したなどで調査されたというケースも多く見受けられます。

⑤特例制度の適用を誤っている場合

とくに「小規模宅地等の評価減の特例」は前述のとおり、複雑な要件があるので、適用の誤りが最も多いポイントのひとつです。また、相続時精算課税制度（140ページ参照）の適用を受けているにもかかわらず、その財産を相続財産に加算していない場合も多くあるようです。

⑥海外に財産が多くある場合

1回あたり100万円を超える海外への送金や海外からの入金の情報は、その金融機関から「国外送金等調書」という形で当局に提出されます。そのような情報が多い人は調査の対象となりやすいです。

税務調査への対処

まず何よりも大切なのは、適正な申告書を作成することです。

日頃から親子で会話をし、子は親の財産構成をできるだけ早い段階で把握するべきです。親は親でファイルなどにその財産をまとめておくことが重要です。エンディングノートなどを活用するのもひとつの手でしょう。

贈与契約書の作成やノートへの記入により、財産の授受や入出金の明細を記録しておくことも重要です。私の事務所でも各預金の入出金に対し、相続人にインタビューし、明細書を作成するようにしています。

書面添付制度を活用することもできます。書面添付制度とは、税理士が「申告書の作成に関して計算、整理、相談に応じた事項を記載した書面」を申告書に添付することができる制度です。必要事項を記載した書面を添付することで、税務署は税理士に対しその書面のヒアリングを行います。税務調査の代わりにそのヒアリングだけで終わることもあり、税務調査を受ける手間を減らすことができます。

代理人として税理士に立ち会ってもらう

調査を受ける相続人も、ほとんどの人が税務署との対応ははじめてのはずなので、「税務署の人って無理難題を言ってくるのではないか?」などと、ドキドキすると思います。そんなドキドキの中、スムーズに調査を進めるために、身構えることなく、低姿勢になることもなく、強硬な態度をとる必要もなく、近隣の人と接するような普通の応対が望まれます。

前述のように、税務署はある程度相続財産の状況を把握していますので、隠し事はしないほうがいいでしょう。**聞かれたことに対しわかる範囲で答えればOKです。税務署職員も無理難題を言うことはありません。**

調査では、担当の調査官は世間話をしながら、被相続人の今までの経歴や趣味やお金の使い方や過去の贈与等を聞き出します。なるべく聞かれたこと以外は話さないほうが無難です。

また、家族・親戚仲やその付き合い方、被相続人が使っていた通帳はどこに保管されていたか、金庫はどこにあるのか、金融機関などのカレンダー、壁の絵画、部屋に置かれた焼き物、庭の広さなどをさり気なくチェックしてきます。

調査官は必ず最低2人でやってきます。1人が質問しているときに、もう1人の調査官は相続人の視線を観察していることも多々あります。

私の今までの経験では、担当調査官はその道のプロであり、その情報および調査能力に驚くことがたびたびありました。

当然、税務当局はできるだけ多くの税金を取ろうとします。だからといって、ノーガードで税金を言われるがまま取られる必要はありません。税額というのは、法律の解釈しだいで増えたり減ったりするものです。また、税法の解釈や事実認定をめぐっては、グレーゾーンがあります。よって、**税理士に申告を依頼し、代理人として税務調査に立ち会ってもらうことが望ましいでしょう。**

税理士にはそれぞれ得意とする分野があるので、相続税を専門とする税理士に依頼することが重要です。税制は法律を根拠にした制度なので、税法をきちんと解釈して反論できる税理士が税務当局にとってはやはり一番手ごわいと思います。税法をきちんと解釈し、正当な主張をする税理士に対しては、税務署側も耳を傾けるものです。

税務当局に対して「可能な限りの主張」をするというのが、私の会計事務所の基本的なスタンスです。そのための準備も、理論の組み立ても行います。

おわりに

1988年に税理士登録をして以来、税務に関する業務にかかわってきました。税務に関する業務は法人税、所得税、消費税、そして相続税が中心になります。

それらの中で、何より難しく感じてきたのが相続税です。相続財産の評価はいうまでもなく、特例適用の仕方の違いによる税額軽減額の差、収益を加味した次世代への将来設計、納税資金の確保のための不動産売却アドバイス、財産分割の仕方、世の中の変化による相続税法の改正など、さまざまな要素を考慮して判断することが求められる業務だからです。相続人同士の感情のもつれが浮上することもあります。

相続税の申告期限は被相続人が亡くなってから10か月が基本で、その間に先に挙げた要素を熟慮しながら、税額をいかに軽減できるか、また、将来にわたって相続人が落ち着いた生活ができるのかなどを総合的に判断して申告書を作成します。

数字だらけの相続税申告書ですが、筆者自身は曲線でつくられた焼き物を完成させるような思いで仕事に取り組んでいます。財産の評価や特例の適用、相続人からのヒアリング、調整など、ピースを一つひとつはめ込むような作業を経て、申告書を完成させます。出っ張りがあるたびに修正を繰り返します。相続のさまざまな手続きは煩雑で、10か月間は相続人とチームを組んでの共同作業のようなものだと思っています。

亡くなられた方が知識を駆使して、生前に相続対策をしてきたと感じられる場合もあれば、とくに対策をしてこなかったなと感じられる場合もあります。

相続の事前準備は、相続に関する知識を得て、できるだけの対策をしていくことが重要です。私の事務所の相続チームは、その対策のお手伝いをすることは当然ですが、申告においてできるだけ相続財産の評価を下げることや、特例を駆使して税額を軽減することを考えます。そして、その申告が終わったあとに、次世代、次々世代への相続対策が改めてはじまるのです。相続対策には長い時間をかけることが欠かせません。知識を駆使し、早くから着手すればするほど相続税を軽減することができます。

本書を書き上げるために、池田総合会計事務所の相続税担当スタッフの桂朋美と池田香織には、特別な協力を得ました。「ありがとう」の感謝の言葉を添えたいと思います。

税理士法人　池田総合会計事務所　池田陽介

池田 陽介（いけだ・ようすけ）
税理士。1962年、埼玉県生まれ。1988年、税理士登録。税理士法人 池田総合会計事務所代表社員。相続税や法人税の申告業務を中心に、病院・医院の開業・経営支援なども実施。経営コンサルティング会社であるフォローアップ株式会社の代表取締役を務めるほか、弁護士、弁理士、司法書士、不動産鑑定士、一級建築士、社会保険労務士などと士業ネットワークを結び、多方面での活動を展開。「相続」を多角的な視点で捉えるスペシャリスト。主な著書に『図解　決算書、ここだけ見ればいい!』（三笠書房）、『身近な人が亡くなったときの手続きと届け出ぜんぶ』（KADOKAWA）、『知識ゼロからの相続の手続き』（幻冬舎）などがある。

モメない相続　トクする相続

2023年9月7日　第1刷発行

著　者　池田陽介
発行人　松井謙介
編集人　長崎　有
発行所　株式会社　ワン・パブリッシング
〒110-0005　東京都台東区上野 3-24-6
印刷所　プリ・テック株式会社
企画・編集　福田祐一郎

●この本に関する各種お問い合わせ先
本の内容については、下記サイトのお問い合わせフォームよりお願いします。
https://one-publishing.co.jp/contact/
不良品（落丁、乱丁）については　Tel 0570-092555
業務センター　〒354-0045 埼玉県入間郡三芳町上富279-1
在庫・注文については書店専用受注センター　Tel 0570-000346